MARKETING BANCÁRIO

TÍTULO ORIGINAL:
Marketing Bancário

AUTOR
Jorge Fonseca de Almeida

CONJUNTURA ACTUAL EDITORA
Sede: Rua Fernandes Tomás, 76-80 – 3000-167 Coimbra
Delegação: Avenida Fontes Pereira de Melo, 31-3.º C – 1050-117 Lisboa - Portugal
www.actualeditora.pt

DESIGN DE CAPA
FBA

IMPRESSÃO E ACABAMENTO
Pentaedro, Lda.
Setembro, 2013

Depósito Legal
364540/13

GRUPOALMEDINA

BIBLIOTECA NACIONAL DE PORTUGAL – CATALOGAÇÃO NA PUBLICAÇÃO

ALMEIDA, Jorge Fonseca de

Marketing Bancário. – (Marketing)

ISBN 978-989-694-055-3

CDU 658
336

Jorge Fonseca de Almeida

MARKETING BANCÁRIO

Prefácio

A leitura de "O Marketing Bancário" suscita-me três reflexões que partilho com os leitores.

1. Em 1985 aceitei o convite de um grupo de empresários para, com total independência de gestão, fundar o Banco Comercial Português.

E quando a 5 de Maio de 1986 o Banco Comercial Português abriu as suas primeiras sucursais ao público veio, indiscutivelmente, revolucionar a forma de fazer banca em Portugal. Desde logo porque soube identificar com nitidez as necessidades financeiras dos diversos segmentos que então compunham o mercado e para cada um deles criar uma oferta de valor apelativa e completa.

Mas também porque o Banco soube selecionar as melhores e mais adequadas tecnologias de informação, porque soube identificar os melhores fornecedores e consultores e com eles estabelecer parcerias sólidas e duradoiras. E, acima de tudo, porque soube dotar a organização dos talentos humanos indispensáveis ao desenvolvimento de um projeto de tal envergadura, bem como criar uma cultura de iniciativa, de empenhamento, de lealdade, de trabalho árduo e esforço abnegado direcionado tanto a resultados e metas ambiciosas como à realização profissional e pessoal.

O rigoroso controlo dos riscos de crédito, de mercado e operacionais e a chamada de capital sempre que justificada permitiram que o crescimento fosse sustentado porque ancorado em fundamentais sólidos.

Foi assim possível transformar, em menos de duas décadas, um projeto nascente no maior banco privado português, ultrapassar as fronteiras nacionais e estabelecer uma significativa presença internacional.

O exemplo do Banco Comercial Português mostra que os conceitos e técnicas do Marketing Bancário, quando bem aplicados e coerentemente integrados numa estratégia global e consistente em cada momento, funcionam e contribuem para o êxito empresarial.

2. Conheci o Jorge quando, como jovem licenciado e a terminar o seu MBA, começou a trabalhar na banca e o recebi como sempre o fiz a todos os colaboradores que entravam na instituição.

O seu percurso profissional levou-o a percorrer diversas áreas do Banco Comercial Português tanto em Portugal como nas operações internacionais.

Particularmente relevante foi a sua passagem primeiro como técnico e depois como subdiretor pelas Direções de Marketing de Particulares e da NovaRede. Mais tarde foi primeiro responsável da Direção de Marketing do Banco 7 e da Direção de Marketing do Retalho do Bank Millennium na Polónia.

Este livro está, pois, escorado por um conhecimento teórico aliado a uma experiência profissional sólida.

3. A leitura desta obra beneficia todos aqueles que pretendem iniciar ou consolidar um percurso profissional na área, particularmente exigente, do marketing bancário.

O *Marketing Bancário* cobre, de uma forma completa, viva e interessante, os temas fundamentais da disciplina, explicitando os conceitos, discutindo as ideias e clarificando as noções basilares.

Seguindo uma estrutura clássica o autor guia o leitor ao longo de um percurso que começa pela definição do conceito de Marketing Bancário, aborda assuntos tão relevantes como a análise da envolvente socioeconómica, base indispensável para o desenvolvimento de uma estratégia e a partir desta de ofertas de valor concretas, analisa as técnicas de como gerir uma base de Clientes e que termina com indicações de como através de uma organização adequada se podem levar à prática com sucesso os conceitos e ideias apresentados.

Um livro fundamental para compreender o Marketing bancário.

JORGE JARDIM GONÇALVES

I

Introdução

O mercado bancário português tem-se revelado um mercado muito dinâmico e em constante mutação.

É, pois, um campo fértil para a ação do Marketing, para a segmentação de clientes, para o desenvolvimento de ofertas inovadoras, para a implementação de tecnológicas de ponta e, também, para uma intervenção institucional das entidades oficiais nacionais e internacionais através da regulamentação.

É igualmente um mercado muito competitivo mas cheio de oportunidades para os jovens profissionais de Marketing especializados e com um bom conhecimento do setor, do seu desenvolvimento recente e tendências futuras.

Neste ambiente profissional não chega ser-se um generalista, com a formação genérica em Marketing que é dada pelos cursos de gestão e de marketing, mas é necessário ser-se cada vez mais um especialista.

Este livro vem dar a visão especializada do Marketing aplicado ao setor bancário, fornecendo os conceitos teóricos, apresentando metodologias de abordagem, dando exemplos concretos.

UM MERCADO EM EBULIÇÃO

O mercado português transformou-se radicalmente nas últimas décadas sendo hoje, apesar da crise, um setor moderno e socialmente útil.

Um tsunami varre o mercado financeiro português

A partir de meados da década de 80 do século XX, com a abertura do mercado financeiro português a instituições privadas, o marketing bancário até aí em estado de sonolência praticamente absoluta, ganhou uma enorme vitalidade, dinamismo e protagonismo.

O Banco Comercial Português (BCP) surgiu com uma proposta de valor inovadora e com uma estratégia de marketing solidamente pensada e superiormente executada. A adesão dos clientes foi imediata e os ganhos de quota deste pequeno banco, que em 1985 começou literalmente do zero, foram uma desagradável surpresa para os concorrentes.

Na banca de Investimento, outro banco privado, o Banco Português de Investimento (BPI), também se afirmava.

A indústria instalada era então forte e constituída por uma meia dúzia de bancos estatais que dividiam entre si o mercado. O período que se vivia era de crise económica e de lenta recuperação no rescaldo de duas intervenções sucessivas do Fundo Monetário Internacional.

Os incumbentes tinham tudo para prevalecer sobre os novos bancos: tinham os clientes, tinham sistemas testados, tinham os melhores profissionais do setor, tinham os volumes de depósitos que lhes permitiam conceder crédito.

Mas passado pouco mais de uma década praticamente todos os incumbentes desapareceram do mercado e os novos bancos tinham ganho uma quota de mercado esmagadora.

Um autêntico tsunami tinha varrido o mercado financeiro português e alterado completamente as suas condições de funcionamento.

Na base da derrocada dos bancos incumbentes esteve por um lado a ausência de suporte do seu acionista principal, o Estado, que preferiu abandoná-los a desenvolvê-los, e por outro lado o melhor domínio das técnicas de Marketing Bancário pelas novas entidades.

A crise financeira iniciada em 2007

A crise financeira iniciada em 2007 com a queda do mercado imobiliário norte-americano e que rapidamente se transformou numa crise económica prolongada, principalmente na Europa, veio abalar profundamente o mercado financeiro português.

O modelo de negócio em que assentava a indústria em 2007 – na expansão do crédito às famílias e às empresas financiado por empréstimos contraídos no estrangeiro – revelou-se insustentável e terá de ser substituído por outro, menos alavancado.

De 2011 em diante temos assistido a uma reestruturação da indústria quer à escala europeia (com a institucionalização do mercado único bancário e a criação de novas estruturas de supervisão e de apoio e garantia às instituições e aos depositantes) quer ao nível nacional.

ORGANIZAÇÃO E CONTEÚDOS

A estrutura deste livro segue uma estrutura lógica linear em que os temas abordados previamente ajudam a perceber os que são tratados mais à frente. Na obsta contudo, dada a linguagem acessível despojada do jargão técnico que propositadamente se usa, que cada um possa construir a sequência que mais lhe aprouver.

Este livro está organizado em nove grandes capítulos incluindo esta pequena Introdução. Começaremos por discutir o que é o Marketing Bancário e como se localiza na vasta constelação do Marketing (Capítulo 2). Abordaremos depois a envolvente (Capítulo 3), nos seus múltiplos aspetos, da Banca e como deve ser definida a estratégia que melhor se lhe adapte (Capítulo 4). Delineada a estratégia é necessário construir (Capítulo 5) e gerir (capítulo 6) uma oferta que a consubstancie.

O Plano de Marketing (Capítulo 7) preparado e executado por uma eficaz Organização de Marketing (Capítulo 8) é a ferramenta indispensável para estruturar as ações indispensáveis a consecução da estratégia.

O último capítulo é sobre o processo de internacionalização (Capítulo 9) em que estão atualmente empenhadas as instituições financeiras de raiz nacional.

II
O Marketing Bancário

Conceito

O Marketing Bancário é um ramo especializado do Marketing que se autonomizou do Marketing dos serviços no decurso da segunda metade do século XX e cujo objeto são os serviços bancários.

O Marketing Bancário surge, pela primeira vez, como disciplina autónoma do Marketing nos Estados Unidos da América mas a sua teoria, metodologia e prática rapidamente se disseminou pelo mundo inteiro.

Marketing

Múltiplos autores têm definido o Marketing sem que estas definições sejam coincidentes ou semelhantes. Seth e al (1988) identificam 12 escolas distintas da Teoria do Marketing, cada uma com a sua perspetiva e a sua definição da disciplina.

Mais recentemente Shaw e Jones (2005) agregaram as escolas de pensamento do Marketing em 10 correntes: (1) Funções do Marketing, (2) Marketing das Mercadorias, (3) Instituições de Marketing, (4) Comercio Inter-regional (5) Gestão de Marketing, (6) Sistemas de Marketing,

(7) Comportamento do Consumidor, (8) Macro Marketing, (9) Troca e (10) História do Marketing.

Cada uma destas correntes aborda o Marketing de um ângulo muito específico e diferenciado das outras.

Ao fim de mais de 100 anos de autonomia do Marketing, o primeiro curso universitário de Marketing foi dado em 1902 na Universidade do Michigan, a definição e ao âmbito da disciplina continua a ser um tema controverso e ainda em aberto.

Não querendo entrar em polémicas, que tantas vezes se revelam estéreis, adotamos a definição de Marketing proposta e aprovada de forma consensual pela conceituada Associação de Marketing Americana (AMA): "Marketing é a atividade, o conjunto de instituições e os processos necessários à criação, comunicação, entrega e troca de ofertas que têm valor para os clientes, parceiros e para a sociedade em geral"[1].

Trata-se de uma definição muito abrangente que coloca corretamente a ênfase no "valor para o cliente, parceiros e para a sociedade em geral" e não exclusivamente na criação de "valor acionista" como alguns têm defendido. Os parceiros referidos incluem, obviamente, os acionistas mas também os fornecedores e os empregados.

Por outro lado não restringe o âmbito do Marketing a produtos, ou a serviços mas estende-o de forma clara a todo o tipo de ofertas. A **oferta** pode ser o programa político de um candidato às eleições legislativas ou o pedido de donativos dos Rotários empenhados em erradicar a poliomielite da face da Terra. No primeiro caso estaríamos perante um exemplo de Marketing Político e no segundo exemplo perante um tema de Marketing das Organizações não Lucrativas.

Cada ramificação do Marketing foca-se exclusivamente nalguns tipos de ofertas. O Marketing Bancário fixa-se na "criação, comunicação, entrega e troca de" serviços financeiros.

---

[1] Tradução livre de: "Marketing is the activity, set of institutions, and processes for creating, communicating, delivering, and exchanging offerings that have value for customers, clients, partners, and society at large". (AMA – American Marketing Association).

Marketing Bancário ou Marketing de Serviços Financeiros?

Assumimos aqui que Marketing Bancário e Marketing de serviços financeiros são sinónimos na medida em que a Banca em muitos países, incluindo em Portugal, pode prestar direta ou indiretamente toda a gama de serviços financeiros.

Com a emergência da ***bancassurance***, a integração de ofertas de serviços bancários e de seguros, e com a consolidação da banca universal, a banca que disponibiliza uma gama completa de serviços financeiros, o Marketing de serviços financeiros e o Marketing Bancário deixaram efetivamente de ter uma base material que permitisse a sua diferenciação.

Aliás a expressão "serviços financeiros" popularizou-se na sequência da Lei norte-americana de 1999, sobre a Modernização dos Serviços Financeiros (Gramm–Leach–Bliley Act)[2], que veio remover grande parte das barreiras regulamentares anteriormente existentes, nomeadamente aquelas que segregavam as atividades de corretagem, de banca comercial, de banca de investimento e seguradora, criando um mercado integrado para todos estes serviços. Essa unificação fez-se, em grande medida, sob os auspícios dos Bancos que vieram a tornar-se os grandes distribuidores de serviços financeiros.

Razões para uma autonomia

O processo natural de desenvolvimento das ciências, a explosão dos serviços financeiros na sequência da desregulamentação da indústria ocorrida nos anos 80 do século passado, a integração das novas tecnologias de informação que têm vindo a alterar a configuração do setor, criaram as condições para o desenvolvimento, especialização e autonomização do Marketing Bancário.

Como todas as ciências naturais ou sociais o Marketing tem vindo a desenvolver-se através de um processo de fragmentação assente na crescente especialização do saber.

---

[2] Esta lei veio revogar parcialmente a famosa Lei Glass–Steagall de 1933 que, procurando combater as causas da Grande Depressão, regulou ferreamente as atividades financeiras e que foi durante décadas considerada um esteio da estabilidade financeira nos EUA.

Tal como a Química que, de uma ciência unificada nascida no século XVII das trevas da alquimia, se desdobrou em múltiplos ramos: química orgânica, química inorgânica, química dos polímeros, etc., cada uma com o seu objeto, também o Marketing se tem vindo a especializar em múltiplas áreas.

Entre as primeiras ramificações do Marketing encontramos o Marketing dos Serviços que surge em contraponto ao Marketing dos produtos tangíveis. É deste ramo que nasce, cresce, se fortalece e finalmente se autonomiza o Marketing Bancário.

Desregulação dos Serviços Financeiros

A desregulação dos serviços financeiros iniciada na década de 80 do século XX acompanhada de uma extensiva política de privatizações de instituições bancárias na Europa, veio criar as condições para a explosão da oferta de um sem número de novos produtos e serviços financeiros.

Não cabe aqui discutir a bondade desta política de desregulamentação, nem as consequências que veio a causar, mas apenas assinalar que nesse entorno de competição desregulada o papel do Marketing no seio das instituições financeiras, até aí secundário, se tornou central.

Assistiu-se, desde então, a uma verdadeira proliferação de práticas e estudos que forneceram a massa critica e a profundidade necessária para que Marketing Bancário se autonomizasse e se afirmasse como ramo especializado do Marketing.

Integração das Novas Tecnologias de Informação

As novas tecnologias vieram abrir as portas da indústria dos serviços financeiros a novas e fascinantes possibilidades quer em termos de operacionalidade quer em termos de distribuição.

Não há muitos anos cada dependência, cada agência era um pequeno Banco, funcionando de forma praticamente autónoma. Quem era Cliente da Sucursal A só podia aceder à sua informação deslocando-se a essa Sucursal. Só aí podia consultar o saldo das suas contas, constituir depósitos ou solicitar crédito. Com o advento e massificação das redes de computadores ligadas em real time, que ocorreu em Portugal entre os finais da década de 80 e o início da década de 90, a informação sobre todos os Clientes passou a estar disponível em todas as Sucursais alargando o leque de pontos de contacto aptos a servir todos os Clientes.

Simultaneamente as máquinas automáticas trouxeram consigo novas realidades como o self-service e a coprodução. Parte dos serviços financeiros, nomeadamente os relacionados com meios de pagamento, passaram em grande parte a basear-se no autosserviço, na intervenção do próprio Cliente quer através da utilização das máquinas de levantamento automático (ATM) quer dos terminais de pagamento automáticos (TPA).

A internet e o mobile vieram alargar o leque de possibilidades de acesso dos Clientes e da sua intervenção na coprodução dos serviços financeiros.

A passagem da sucursal autónoma que servia exclusivamente os seus Clientes, estabelecia os preços, decidia o credito, criava os seus procedimentos, para a possibilidade de o Cliente utilizar qualquer sucursal implicou a necessidade de homogeneizar os preços, os procedimentos, os critérios de decisão. Não mais era aceitável pelos Clientes ir de manhã a uma sucursal e ter uma resposta e à tarde noutra do mesmo banco ter uma resposta muito diferente. A necessidade de desenvolver ofertas padronizadas e acessíveis em toda a rede de distribuição veio colocar grandes desafios aos Bancos. Esses desafios só podiam ser respondidos por poderosos Departamentos de Marketing centralizados. O papel do Marketing viu, também por este motivo, o seu papel reforçado.

Quando surgiu o Marketing Bancário

A história do Marketing pode ser subdividida de acordo com Wilkie e Moore (2003) em quatro grandes eras:

1. A fundação da Disciplina (entre 1900 e 1920)
2. A Institucionalização da Disciplina (entre 1920 e 1950)
3. A mudança de Paradigma (entre 1950 e 1980)
4. O Fragmentação do Marketing (após 1980).

O Marketing Bancário surge durante a terceira era, tendo tido uma das suas primeiras definições em 1973 por Reekie no seu artigo Marketing in Bank publicado na revista The Bankers Magazine.

Hoje o campo do Marketing Bancário conta com um extensa literatura produzida por numerosos académicos e práticos. Autores como Tina Harrison, Hooman Estelami, Evelyn Ehrlich entre outros são reconhecidos como figuras emblemáticas do Marketing Bancário atual.

O QUE SÃO SERVIÇOS BANCÁRIOS OU FINANCEIROS?

Produto ou serviço?

O conceito de serviço surge, como vimos, em contraponto com o de produto. É nesta antinomia que se encontra a essência do serviço.

O produto é material e o serviço imaterial. O produto existe independentemente do seu consumo, o serviço é inseparável do seu consumo. O produto é objetivo, tem forma e propriedades físicas que o caracterizam, o serviço é subjetivo e a sua experiência diferente de consumidor para consumidor.

O puro produto e o puro serviço são extremidades de um contínuo que inclui a vasta maioria dos bens que hoje consumimos. Um restaurante é um negócio em que a conceção, preparação e entrega, incluindo-se aqui no conceito de entrega toda a decoração, ambiente, rapidez e afabilidade, das refeições é claramente um serviço, mas também é um negócio em que a maioria das matérias-primas usadas são produtos agroalimentares. Neste misto, que sempre existe, de produto e serviço, a componente serviço é seguramente dominante no setor da restauração.

Alguns autores vão tão longe quanto afirmar que na realidade só existem serviços porque mesmo no caso de produtos físicos bem reais, como por exemplo os automóveis ou os imóveis, o que o consumidor quer comprar é o benefício do serviço prestado pelo bem.

Os serviços financeiros têm, nalguns casos, um suporte material não deixando contudo de ser essencialmente serviços. Um cartão de crédito materializa-se num pequeno retângulo de plástico com um chip e uma fita magnética acoplados, mas é principalmente um serviço na medida que o que compramos não é essencialmente o plástico mas a capacidade de efetuar pagamentos de forma segura e sem recurso a numerário. Entre outros, são exemplos de serviços financeiros com suporte físico os cheques, algumas ações e obrigações e os cofres de aluguer.

Evelyn Ehrlich (2004) argumenta que os serviços financeiros têm uma natureza própria, não são nem produtos nem serviços. Ehrlich defende que os serviços financeiros têm aspetos como a produção em massa, a durabilidade e a separabilidade que os aproximam dos produtos e aspetos que os aproximam dos serviços.

Os serviços financeiros são, de facto, como tantos outros bens, um hibrido. Um bem que no contínuo produto-serviço está situado perto do centro.

Os serviços financeiros incluem um vasto leque de modalidades, nomeadamente: os seguros, os produtos bancários, os fundos de pensões e de investimento, o crédito especializado (ver Figura 2.1.).

Muitos autores separam dois grandes grupos de serviços financeiros: um agrupando os Seguros, juntando os ramos Vida e Não Vida, e outro grande grupo em torno dos serviços Bancários. No entanto, como vimos, com o advento da *bancassurance* essa distinção esbateu-se deixando de ter verdadeiro significado prático.

A colocação das várias modalidades de serviços bancários não é, naturalmente, a mesma no contínuo produto-serviço. Algumas surgem mais próximas do puro serviço como é o caso do aconselhamento financeiro e outras têm mais características de produtos.

A quem se dirigem os serviços financeiros?

Os serviços financeiros podem ser classificados de acordo com o mercado a que se dirigem podendo então ser divididos em dois grandes grupos:

i) os serviços financeiros dirigidos a Indivíduos e,
ii) os serviços financeiros dirigidos a Empresas e Institucionais.

Os indivíduos podem, como veremos mais à frente, ser subdivididos em múltiplos segmentos e grupos, enquanto as empresas são usualmente agrupadas pela natureza e volume do seu negócio.

Quem presta os serviços financeiros?

Os serviços financeiros podem também ser classificados de acordo com a natureza da entidade que os prestam. De facto nem todos os prestadores

FIGURA 2.1. – Serviços Financeiros

Seguros	Seguros do ramo Vida	
	Seguros do Ramo Não Vida	
	Resseguros	
	Intermediação	Mediadores Agentes
	Serviços auxiliares	Consultadoria Atuariado Avaliação Regularização Sinistros
Banca	Depósitos	Ordem Prazo
	Crédito	Habitação Consumo Tesouraria Investimento
	Garantias e avales	
	Meios de Pagamento	Cheques Cartões Transferências Débitos Diretos
	Compensação	
Credito Especializado	Leasing	
	Factoring	
Indústria de Fundos	Fundos Pensões	
	Fundos Imobiliários	
	Fundos Mobiliários	
Investimentos mobiliários	Bolsa	
	Corretagem	
	Custódia de Títulos	
	Gestão de ativos	
	Informação financeira	
	Aconselhamento e Consultoria	
	Gestão de Risco	

de serviços financeiros podem oferecer toda a gama de serviços. Uma Seguradora, por exemplo, não pode aceitar depósitos, nem uma Agência de Rating conceder Crédito.

Cheverton (2012) identifica os seguintes participantes no mercado de serviços financeiros:

- Bancos Privados, de Retalho e de investimento
- Fundos de Investimento
- Fundos de Pensões
- Seguradoras
- Emissores de cartões de crédito
- Crédito especializado
- Bolsas
- Corretores, mediadores e agentes
- Caixas e instituições de poupança estatais

Em Portugal é também usual classificar para efeitos de estatísticas nacionais e internacionais os prestadores de serviços financeiros da seguinte forma:

1. Instituições Financeiras Monetárias (IFM)
   - 1.1. Bancos Centrais
   - 1.2. Outras Instituições Monetárias
     - 1.2.1. Bancos
     - 1.2.2. Caixas económicas
     - 1.2.3. Caixas de Crédito agrícola mútuos
     - 1.2.4. Fundos de mercado monetário

2. Instituições Financeiras Não Monetárias (IFNM)
   - 2.1. Sociedades de Seguros e Fundos de Pensões
     - 2.1.1. Seguradoras Ramo Vida
     - 2.1.2. Seguradoras Ramo Não Vida
     - 2.1.3. Fundos de Pensões
   - 2.2. Outros Intermediários Financeiros
     - 2.2.1. Outros Fundos de Investimento
     - 2.2.2. Sociedades de Capital de Risco
     - 2.2.3. Sociedades de Factoring

2.2.4. Sociedades Financeiras
2.2.5. Sociedades Financeiras para aquisições a crédito
2.2.6. Sociedades de locação financeira
2.3. Auxiliares Financeiros
2.3.1. Agências de câmbio
2.3.2. Sociedades de corretagem
2.3.3. Sociedades gestoras de fundos de investimento
2.3.4. Sociedades gestoras de patrimónios

Por seu lado o Regime Geral Regime Geral das Instituições de Crédito e Sociedades Financeiras (RGICSF)[3], principal peça regulamentar do mercado português de serviços financeiros, distingue dois tipos de entidades as:

1. Instituições de Crédito e as
2. Sociedades Financeiras.

As Instituições de Crédito são entidades cuja atividade consiste em receber depósitos e conceder crédito e também as que emitem meios de pagamento sob a forma de moeda eletrónica. As sociedades financeiras serão todos os prestadores de serviços financeiros que não sejam Instituições de Crédito.

EVOLUÇÃO DOS SERVIÇOS BANCÁRIOS

Nos últimos 50 anos assistimos a uma vertiginosa evolução dos serviços bancários. Em Portugal, como em muitos outros países, essa evolução centrou-se nos seguintes eixos:

- **Bancarização universal**: os serviços financeiros alargaram tremendamente o seu mercado e de um serviço dirigido a um segmento muito restrito da população tornou-se um serviço dirigido praticamente à totalidade da população. A taxa de bancarização em

[3] O Regime Geral Regime Geral das Instituições de Crédito e Sociedades Financeiras está incluído no Decreto-Lei n.º 298/92, de 31 de Dezembro, que tem vindo a sofrer alterações sucessivas a última das que aqui consideramos é que foi introduzida pelo Decreto-Lei n.º 88/2011, de 20 de Julho.

Portugal estabilizou nos últimos anos em torno dos 90% da população residente com mais de 15 anos. Serviços como o crédito à habitação, crédito pessoal, posse de cartão de crédito são hoje comuns. No início dos anos 60 do século XX esses serviços eram praticamente desconhecidos do grande público no nosso país. A bancarização universal implicou a cobertura do país por uma densa rede de sucursais bancárias.

- **Segmentação dos serviços.** Os serviços bancários inicialmente amplamente indiferenciados passaram a ser claramente moldados às necessidades específicas de cada grupo de consumidores. Temos hoje produtos para jovens, para reformados, para mulheres, para imigrantes, para emigrantes, para empresários em nome individual, para trabalhadores por conta de outrem, para indivíduos avessos ao risco, para investidores arrojados, para amantes das novas tecnologias, etc., etc. A segmentação implicou a diferenciação de ofertas de valor com separação mais ou menos nítida de produtos, de canais de distribuição e de imagem e comunicação.
- **Modernização tecnológica.** A interligação de todas as agências numa única rede de dados, as máquinas de *self-sercice* como as máquinas multibanco e as dispensadoras de cheques, os serviços pelo telefone ou apoiados sobre a plataforma de internet, são exemplos mais visíveis da enorme modernização tecnológica que se verificou nos serviços financeiros. A modernização tecnológica tem cimentado a tendência para a coprodução do serviço, ou mesmo para o autosserviço (*self-service*).
- **Universalização do serviço.** Da rigorosa separação entre banca e os seguros, e a corretagem, e o crédito especializado, passámos para um mundo em que as instituições financeiras oferecem, se assim o entenderem, todos os produtos financeiros. A universalização do serviço não eliminou os intervenientes especializados que continuam a existir, mas as economias de escala fizeram pender a balança para as entidades generalistas capazes de satisfazer todas as necessidades financeiras dos clientes.
- **Concentração.** O negócio bancário em Portugal está hoje concentrado num conjunto de 5 ou 6 instituições que repartem entre si mais

de 80% do mercado. Não obstante o mercado é constituído por mais de três dezenas de instituições, quer nacionais quer internacionais. O mercado português dos serviços financeiros está aberto aos bancos estrangeiros que se podem instalar no país com grande facilidade.

- **Internacionalização.** Os mercados de capitais são hoje verdadeiros mercados mundiais. A internacionalização dos intervenientes no mercado de serviços financeiros dá-se por três vias diferentes: i) a presença de instituições financeiras estrangeiras, como o Banco Santander, o Banco Popular, o Barclays, o Banco do Brasil, etc., em Portugal, ii) a presença de bancos portugueses em países estrangeiros, como por exemplo o Banco Comercial presente na Polónia, na Grécia, na Roménia, em Angola, em Moçambique, etc., iii) a aquisição por residentes em Portugal de serviços financeiros oferecidos por instituições estrangeiras sediadas no estrangeiro. Temos portanto a internacionalização quer da oferta quer da procura.
- **Regulamentação.** A indústria financeira, mesmo no auge da chamada desregulamentação, não deixou de ser uma das indústrias mais regulamentadas e escrutinadas. Dada a sua importância, como elemento chave, no sistema económico nacional e mundial os serviços financeiros são acompanhados por várias entidades nacionais e supranacionais. A regulação estende-se a vastas áreas e pode ser tão detalhada e particular, como a regra que impede os bancos portugueses de pagar nos depósitos juros superiores a um limite estabelecido pelas autoridades monetárias, ou tão geral e universal como a regra internacional sobre rácios de capital.

Estes sete eixos continuam hoje a ser a chave da evolução da indústria dos serviços financeiros. Ignorar estes eixos, ou para eles não ter estratégia adequada é letal para qualquer instituição financeira.

Ao longo dos últimos anos assistimos ainda a outras tendências que não vingaram, como a de construir modelos de negócio assentes na concessão de crédito alavancado, como a da aliança com a grande distribuição, como a da industrialização das vendas, como a da utilização da televisão como canal exclusivo de distribuição, que não vingaram. Tratou-se de tendências muito temporárias que acabaram por não ser verdadeiramente estruturais na evolução dos serviços financeiros, mas que no seu tempo suscitaram grandes esperanças e deram origem a investimentos de monta.

A BANCA EM PORTUGAL – BREVE HISTÓRIA

Do primeiro Banco ao final da monarquia

Na sequência da primeira invasão francesa, levada a cabo em 1807 pelo General Junot sob as ordens de Napoleão, a Rainha Dona Maria I, o Príncipe Regente e futuro Rei D. João VI, a corte e muitos dos principais agentes económicos abandonam Portugal Continental e refugiam-se no Brasil, então colónia portuguesa.

Vai ser no Brasil que vai ser fundado o primeiro banco português, o Banco do Brasil criado por determinação real a 12 de Outubro de 1808, com vista a apoiar o desenvolvimento da manufatura local.

> "Em 1817, o Banco do Brasil realiza a primeira oferta pública de ações do mercado de capitais brasileiro. Em 1819, a primeira Bolsa brasileira, na cidade do Rio de Janeiro, é construída com financiamento do Banco do Brasil. Com a volta de D. João a Portugal e o saque dos recursos depositados no Banco, em 1833, chegou ao fim a primeira fase do Banco do Brasil" (Banco do Brasil, 2012)

O primeiro Banco português fundado na Europa só surgiria em 1821, com a criação do Banco de Lisboa que, mais tarde, em 1848, por fusão com a Companhia Confiança nacional, deu origem ao Banco de Portugal. O Banco de Portugal teve, desde a sua fundação, o estatuto de Banco emissor, estatuto que veio a perder aquando da integração de Portugal no Euro.

> "Até 1887, o Banco de Portugal partilhou com outras instituições o direito de emissão de notas. Com a publicação do Decreto de 9 de Julho de 1891, o Banco de Portugal passou efetivamente a deter o exclusivo da emissão para o Continente, Açores e Madeira" (Banco de Portugal, 2012)

Em 1835 foi fundado o segundo banco português, o Banco Comercial do Porto.

O setor foi-se desenvolvendo lentamente, ganhando impulso com o fim do período de guerras civis sucessivas que terminou em 1851 com a subida ao poder dos Regeneradores e da sua política de desenvolvimento pensada e implementada por Fontes Pereira de Melo.

No início da década de 70 do século XIX o número de Bancos explodiu (ver Figura 2.2.). O negócio dos títulos da dívida pública portuguesa, uma legislação liberal não interventiva nem minimamente reguladora, e a especulação cambial, contribuíram para a proliferação de bancos por todo o país.

> "Foi neste contexto que surgiram em Viana do Castelo nada menos que quatro bancos: o Comercial de Viana, o Agrícola e Industrial Vianense (associado à Misericórdia da cidade), o Banco de Viana e o Mercantil de Viana" (Pereira, 2009).

FIGURA 2.2. – Número de bancos em Portugal

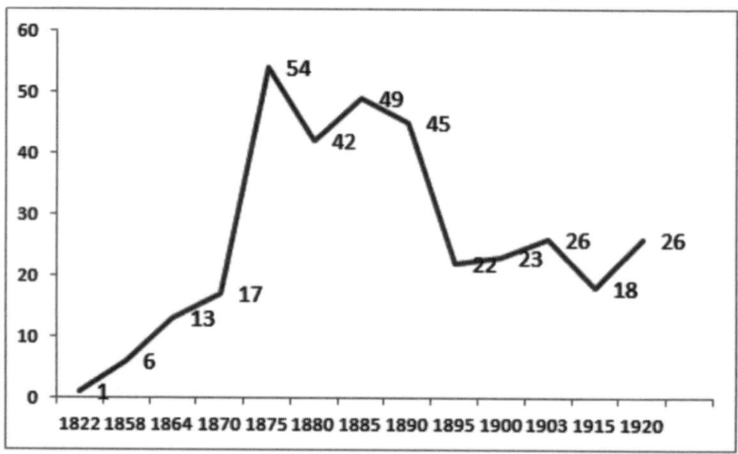

Fonte: Mendonça, 2011

Constituídos em bases pouco sólidas, muitos destes bancos soçobraram com o eclodir em 1876 de violenta crise que abalou o setor. Na sexta-feira 18 de Agosto desse ano, dá-se uma corrida aos bancos, e muitos deles suspenderam os seus pagamentos, não sendo capazes de honrar os seus compromissos, nomeadamente os que tinham para com os depositantes. É a primeira grande crise bancária em Portugal.

PRINCIPAIS BANCOS EM 1878

1. Banco Comercial de Lisboa
2. Banco Cooperativo Comercial
3. Banco Lisboa & Açores
4. Banco Lusitano
5. Banco Nacional Ultramarino
6. Banco Popular Independência
7. Banco de Portugal
8. Banco do Povo
9. Banco Aliança
10. Banco Comércio e Indústria
11. Banco Comercial do Porto
12. Banco Industrial do Porto
13. Banco Mercantil Portuense
14. Banco Português
15. Banco União do Porto
16. Nova Companhia Utilidade Pública
17. Banco de Barcelos
18. Banco Mercantil de Braga
19. Banco do Minho
20. Banco de Bragança
21. Banco de Chaves
22. Banco Comercial de Coimbra
23. Banco da Covilhã
24. Banco do Alentejo
25. Banco Eborense
26. Banco de Guimarães
27. Banco Comercial de Guimarães
28. Banco do Douro
29. Banco Comercial da Madeira

No final da crise o número de bancos em atividade tinha-se reduzido dos 54 antes da crise para pouco mais de 40. No entanto o número de bancos voltou a expandir atendo atingido os 49 nas vésperas de 1891.

De facto, volvidos 15 anos sobre os acontecimentos de 1876 nova e ainda mais virulenta crise abala o sistema financeiro português.

> "A crise de 1891 foi uma crise financeira porque as finanças do Estado e o sistema bancário entraram então em colapso. Depois, esta crise financeira tornou-se imediatamente uma crise económica, porque provocou uma estagnação do crescimento da riqueza" (Santos, 2001)

Na origem desta crise esteve uma oferta monetária descontrolada e uma divida pública crescente. O Reino não conseguindo pagar a dívida externa entrou em bancarrota parcial, tendo suspendido parcialmente o pagamento de capital e juros, procurando reestruturar a dívida junto dos credores. Este foi um processo longo que se arrastou por mais de 10 anos só tendo sido concluído já em 1902.

Entre as medidas tomadas para combater a crise contam-se o estabelecimento da inconvertibilidade das notas (até aí as notas podiam ser trocada pelo seu valor em ouro ou em prata) e a atribuição ao Banco de Portugal do exclusivo da emissão de moeda em Portugal continental e ilhas adjacentes.

Esta crise financeira arrastou muitos bancos para a insolvência, tendo-se assistido a um forte movimento de concentração no setor com a redução do número de bancos para menos de metade.

Primeira República

A República implanta-se em Portugal em vésperas da I Grande Guerra (1914-1918). Mas logo em 1913, já num clima de pré-guerra, rebenta uma crise financeira que leva ao desaparecimento de vários bancos portugueses, provocando uma grande fuga de capitais para o estrangeiro.

> "Neste ano ocorre uma grave crise financeira que conduz ao desaparecimento de importantes bancos. Para além de uma contração dos mercados externos, assiste-se a uma grande desconfiança por parte dos grupos sociais mais fortes relativamente ao radicalismo assumido pela República. O aumento do movimento reivindicativo leva a uma fuga de capitais para o estrangeiro (prática corrente desde o final da monarquia) e a uma grande redução no investimento" (Martins, 2010).

O envolvimento de Portugal na Guerra, levou à tomada do poder por uma ditadura, a de Sidónio Pais, e no campo económico à criação de um enorme défice orçamental devido ao crescimento exponencial da despesa pública com as Forças Armadas. Esta despesa militar foi financiada por uma crescente divida externa que rapidamente se tornou muito volumosa. Contudo a banca apoiou fortemente o Estado comprando dívida pública o que permitiu sustentar, durante alguns anos, os elevados défices.

Este ambiente macroeconómico não era favorável ao desenvolvimento da atividade bancária e o número de bancos reduziu-se logo no período pós-guerra.

> "Em 1922 e 1923 existiam em Portugal 31 bancos, número que, em 1925, já havia diminuído para 24" (Mendes, 2002)

No entanto a expansão monetária, a inflação e a crise económica levaram à descapitalização das instituições financeiras, que apesar de serem em menor número mantinham uma dimensão reduzida.

Um dos últimos esforços da República para ultrapassar a crise económica e financeira traduziu-se na aprovação de uma extensa Reforma da Lei Bancária em 1925, que veio dar ao Estado um maior controlo sobre o sistema financeiro e reforçar o papel do Banco de Portugal.

Esta reforma veio a revelar-se estrutural e duradoira – a Lei só voltou a ser alterada em 1957. Estabeleceu-se então, entre outras regras, a separação legal de bancos e casas bancárias, limites mínimos de capital para os diferentes tipos de instituições financeiras e um novo enquadramento legal para o Banco de Portugal e para a Caixa Geral de Depósitos.

Mas o regime nunca foi capaz de restabelecer as finanças públicas e sustentar a retoma económica, tendo acabado por ser substituído por uma ditadura. Ao fim de meros 16 anos de existência a I República finava-se.

O Estado Novo

As origens do Estado Novo remontam ao 28 de Maio de 1926 data do golpe militar que derruba o governo de António Maria da Silva depõe o

Presidente Bernardino Machado e impõe uma ditadura militar chefiada primeiro pelo General Mendes Cabeçadas, logo substituído pelo General Gomes da Gosta e finalmente estabilizada, a partir de 16 de Novembro de 1826, com o General Óscar Carmona.

Salazar chega a Presidente do Conselho de Ministros em 1932 e aí se mantém até ao final dos anos 60, altura em que, por doença, é substituído por Marcelo Caetano que manterá o regime até ao 25 de Abril de 1974.

Durante o Estado Novo o sistema financeiro viveu várias fases nomeadamente a consolidação do regime, o período da II Grande Guerra e finalmente o período do pós-guerra.

Até meados dos anos 30 Salazar e os seus seguidores criaram as bases institucionais do Regime. Em 1933 é aprovada uma constituição e, logo depois, uma série de leis que instituem o corporativismo político e o protecionismo económico.

Naturalmente também a organização do sistema bancário sofreu uma reorganização, sendo o Banco de Portugal colocado numa mais estrita dependência do Governo.

> "Em Junho de 1931, operou-se uma profunda reforma nas funções e nos estatutos do Banco de Portugal. Foram definidas novas regras que limitavam a expansão do passivo do Banco de Portugal, relacionando-o com o montante de reservas em divisas. Estas regras, juntamente com outras de aplicação rigorosa, que limitavam a capacidade do banco para financiar o Estado, criaram condições para o controlo monetário efetivo. A dependência administrativa do Governo aumentou e o Banco de Portugal assumiu o compromisso de prosseguir uma política de taxas de juros e de câmbios fixos" (Banco de Portugal, 2012).

O pós-guerra, nomeadamente após a adesão de Portugal à OCDE e à EFTA e consequente inserção no sistema económico capitalista ocidental, veio propiciar algum desenvolvimento económico do país, no entanto insuficiente para absorver as centenas de milhar de trabalhadores portugueses libertos pela agricultura e que acabaram por ter de rumar ao exterior, às grandes cidades ou às, eufemisticamente chamadas, províncias ultramarinas.

Ao nível do sistema bancário a adesão ao Fundo Monetário Internacional e ao Banco Mundial, implicaram alguma reorganização do sistema financeiro, com maior regulação, nomeadamente com a obrigatoriedade de constituição de reservas de caixa.

> "Entre 1957 e 1960, foram aprovadas leis que obrigaram os bancos a constituir reservas mínimas de caixa e que conferiam ao Banco de Portugal grandes responsabilidades, permitindo-lhe maior intervenção nas áreas de controlo do crédito e na fixação das taxas de juro" (Banco de Portugal, 2012).

O surto de industrialização dos anos 50, delineado nos famosos Planos de Fomento quinquenais foi essencialmente financiado pelo Estado e por um número reduzido de grandes bancos, todos ligados aos grupos económicos que dominavam a pequena economia nacional. De 1959 até à crise petrolífera de 1973 registaram-se em Portugal as maiores taxas de crescimento do século XX.

O sistema financeiro e o sistema industrial aproximam-se, surgem grandes grupos económicos com interesse simultâneo nas finanças e na indústria.

> "Ele surge a meio dos anos 60, quando os industriais começam a comprar bancos, caso CUF, ou os bancos começam a comprar empresas industriais, caso Borges, caso BPA" (Sousa, 1995).

O Banco mais importante ao longo de grande parte do regime do Estado Novo foi o Banco Espírito Santo e Comercial de Lisboa, só tendo a sua liderança de mercado sido desafiada em meados dos anos 60, na sequência do surto de internacionalização da economia portuguesa induzido pelo grande desenvolvimento económico da Europa Ocidental do pós-guerra. A maior industrialização veio criar novas necessidades de financiamento a empresas e a particulares, situação que veio a ser aproveitada por algumas instituições que se lançaram à conquista do mercado.

> "Líder da banca privada portuguesa entre 1936 e 1964, o Banco Espírito Santo então sob a presidência de Manuel Espírito Santo – em consequência de um ambiente competitivo cujos métodos não quis acompanhar – viria a perder a sua posição, arrebatada pelo Banco Português do Atlântico em 1965 e, logo depois, pelo Banco Pinto & Sotto Mayor em 1967" (Damas, 2008).

À crescente oposição interna à guerra colonial e ao desempenho militar positivo dos movimentos de libertação no terreno, veio no início dos anos 70 somar-se uma forte crise económica.

> "Em 1972 e 1973 a situação da economia portuguesa «deteriorou-se dramaticamente e, na prática, cessaram as condições de crescimento. (...) No fundo, desaparecida a confiança, praticamente paralisado o investimento produtivo, o sistema perdera condições de funcionamento» " (Damas, 2008)

O ESTADO NOVO ESTAVA A CHEGAR AO FIM

Terceira República

Na sequência da crise petrolífera de 1973 que rapidamente se transformou em crise financeira internacional e dos desenvolvimentos políticos que se seguiram à Revolução de Abril de 1974, os bancos foram nacionalizados em Portugal. Permaneceram privados apenas os Bancos estrangeiros a operar em Portugal e que nessa época se restringiam ao Banco do Brasil, LLoyds Bank e Credit Lyonnais que eram, os três, bancos pequenos em termos de quota de clientes, depósitos e crédito.

Os bancos foram restruturados e nalguns casos fundidos com outros maiores ou mesmo entre si, criando-se entidades mais fortes e mais racionais, como foi o caso da União de Bancos que resultou, em 1978, da fusão entre os bancos Pinto de Magalhães, de Angola e Banco da Agricultura.

A partir de meados dos anos 80, com o advento a nível mundial da desregulamentação e com a crescente globalização, assistiu-se, na Europa, a uma vaga de abertura ao setor privado e de privatizações.

Assim em 1983 existiam em Portugal 16 bancos, 13 nacionalizados e os três estrangeiros que não o tinham sido.

A partir de 1984 surgem os primeiros bancos privados, nomeadamente o Banco Comercial Português, S.A. fundado em 1985 sob a liderança do Eng. Jardim Gonçalves e o BPI fundado como banco de Investimento sob a liderança do Dr. Artur Santos Silva.

Na década de 90 assiste-se primeiro a um processo de privatizações no setor financeiro, tendo a Caixa Geral de Depósitos permanecido como a única entidade bancária pública, e depois a uma vaga de consolidação que concentrou o negócio num pequeno número de grupos financeiros. Nesse processo o Banco Comercial Português foi uma das entidades mais ativas, tendo adquirido o Banco Português do Atlântico (em 1995), o Banco Pinto e Sotto Mayor e o Banco Mello (ambos no ano 2000).

LISTA DE BANCOS PRIVATIZADOS

Banco	Data Privatização (várias fases)
Banco Totta & Açores	(1989-96)
Banco Português do Atlântico	(1990-95)
Banco Espírito Santo e Comercial	(1991-92)
Banco Fonsecas & Burnay	(1991-92)
Banco Internacional do Funchal	(1992)
Crédito Predial Português	(1992)
União de Bancos Portugueses	(1993-96)
Banco Pinto & Sotto Mayor	(1994-95)
Banco de Fomento e Exterior	(1994-97)

Fonte: P. Grasmann (1997), p. 84, e Ministério das Finanças

Dos bancos privatizados apenas o Banif (Banco Internacional do Funchal) sobreviveu, tendo todos os outros sido absorvidos por grupos bancários quer portugueses quer estrangeiros. Esta situação alterou o panorama competitivo da banca portuguesa, tendo os até aí maiores bancos desaparecido, substituídos por outras entidades até de menor dimensão, mas mais dinâmicas.

Neste período áureo a rede de sucursais praticamente duplicou das 2852 em 1992 para as 5140 em 2002, apesar do número de trabalhadores bancários ter diminuído dos 60.772 para os 53.623 no mesmo período (naturalmente o recurso à subcontratação – *outsourcing* – explica esta baixa do número de trabalhadores). Em 2011 o número total de bancários cifrava-se nos 57.069 e o número de balcões em 6.305.

Simultaneamente assiste-se a uma crescente especialização e sofisticação do mercado de serviços financeiros, com o aparecimento de uma série de sociedades dedicadas exclusivamente ao Leasing, ao Factoring, ao Crédito ao Consumo, à gestão de fundos de investimento mobiliários e imobiliários, etc.

Apesar da concentração bancária que se desenrolou do final da década de 90 até ao início do século XXI o número de instituições presentes no mercado português tem vindo a crescer. O número de instituições mais que duplica entre 1986 e 1997, passando de 26 instituições para as 55, das quais 20 estrangeiras. Estamos nos anos da adesão de Portugal à Comunidade Económica Europeia (CEE) e do forte afluxo de fundos destinados ao investimento em formação e infraestruturas. Depois de 1997 o número de instituições continuou a crescer embora a ritmo mais lento. Em 2002 existiam 60 instituições (das quais 28 estrangeiras) e em 2012 o sítio do Banco de Portugal na internet referia a existência de 34 Bancos e Instituições Financeiras com autorização para atuar em Portugal, uma substancial redução relativamente ao início da década anterior.

Na verdade apesar do número crescente de instituições, algumas dos mesmos grupos, a concentração, no final de 2001, do negócio nos cinco principais grupos (Banco Comercial Português, Banco Santander, Caixa Geral de Depósitos, Banco Espírito Santo e Banco BPI) atinge os 80,1% do crédito a clientes, 79% dos recursos de clientes e 79% dos ativos.

O sistema estabilizou então até ao início da grande crise financeira iniciada em 2007 altura em que se assistiu a grandes prejuízos na generalidade dos bancos, a algumas falências (BPN, BBP) e a uma forte intervenção do Estado na capitalização dos principais bancos portugueses.

BIBLIOGRAFIA

Amel, Dean F., Arthur B. Kennickell e Kevin B. Moore, "Banking Market Definition: Evidence from the Survey of Consumer Finances", Washington, D.C., Finance and Economics Discussion Series, Federal Reserve Board.

American Marketing Association, http://www.marketingpower.com/aboutama/pages/definitionofmarketing.aspx, acedido a 12 de Dezembro de 2012.

Banco do Brasil, 2012, História do Banco do Brasil, http://www.bb.com.br/portalbb/page3,136,3527,0,0,1,8.bb?codigoMenu=204&codigoNoticia=691&codigoRet=1065&bread=2, acedido a 30 de Agosto de 2012.

Banco Comercial Português, 2012, A nossa História, http://ind.millenniumbcp.pt/pt/Institucional/quemsomos/Pages/historia.aspx, acedido a 28 de Agosto de 2012.

Cheverton, Pete (2012), *Key Account Management*, Londres, Kogan Page.

Damas, Carlos Alberto, (2008), "O Banco Espírito Santo e a Competitividade Bancária nos anos 60" in História Comparada dos Sistemas de Bancário e de Crédito, coordenação de António Ramos dos Santos, Porto, Centro de História.

Ehrlich, Evelyn e Duke Fanelli (2004), *The Financial Services Marketing Handbook: Tactics and Techniques that Produce Results*, Princeton, Bloomberg.

Martins, Nuno Ferraz e António Portugal Duarte (2010), "A Primeira República e a Sustentabilidade das Finanças Públicas Portuguesas: Uma Análise Histórico--Económica" comunicação ao XXX Encontro da Associação Portuguesa de História Económica e Social realizada a 19 e 20 de Novembro de 2010 em Lisboa.

Mendes, José Amado (2002), "A empresa Bancária em Portugal no século XX: evolução e estratégias" in Gestão e Desenvolvimento, Número 11, pp 39-56.

Pereira, Hugo 2009, "Dois Bancos Vianenses: Banco de Viana e Banco Comercial de Viana" in Cadernos Vianenses, Número 43, pp 177-193.

Santos, Luís Aguiar (2001), "A crise financeira de 1891: uma tentativa de explicação" in Análise Social, Volume XXXVI, Número duplo 158-159, pp 185-207.

Shaw, Eric H.e D. G. Brian Jones (2005), "A history of schools of marketing thought" in Marketing Theory, Volume 5, Número 3, pp 239-281.

Seth, J.N., Gardner, D.M. e D.E. Garrett (1988), *Marketing Theory: Evolution and Evaluation*, New York, John Wiley.

Sousa, Alfredo (1995), "Os anos 60 da nossa economia" in Análise Social, Volume XXX, Número 133, pp 613-660.

Wilkie, William L. e Elizabeth S. Moore (2003), "Scholarly Research in Marketing: Exploring the "4 Eras" of Thought Development" in Journal of Public Policy & Marketing, Volume 22, Número 2.

III

A Banca e a sua envolvente

O Marketing Bancário não atua no vazio, mas sobre uma realidade concreta dinâmica, com vários atores em movimento e em que a liberdade de ação não é total mas limitada por Leis, regulamentos e práticas comerciais e mesmo pelos valores da sociedade.

Em suma a primeira tarefa do Marketing Bancário é conhecer, perceber e apreender a envolvente em que a instituição financeira está inserida. Sem esta compreensão exata tudo o que for feito será como um castelo de areia junto ao mar que não tendo alicerces é inexoravelmente destruído pela primeira onda que o atinja.

Envolventes Macro e Micro

> "A envolvente é composta pelas forças e entidades externas à empresa que, direta ou indiretamente, influenciam quer o seu acesso aos recursos de que necessita (humanos, financeiros, matérias primas, informação e outros) quer a sua produção (de bens, serviços ou ideias)" (Pride e Ferrel, 2012).

Estas forças externas podem segundo Kotler (2010) ser divididas em dois níveis de análise: a envolvente micro e a envolvente macro.

O nível micro, mais controlável, inclui todas as entidades diretamente contiguas à empresa de serviços financeiros e que têm um impacto significativo no serviço prestado aos clientes.

Incluem-se aqui os **fornecedores**, nomeadamente aqueles cuja prestação têm influência direta nos níveis de serviços aos Clientes. Uma empresa de Telemarketing que seja contratada para receber chamadas de clientes, uma empresa de transporte de valores envolvida no abastecimento das máquinas automáticas, a empresa de limpeza das sucursais, são casos de fornecedores cujo desempenho pode afetar negativa ou positivamente a qualidade do serviço prestado aos Clientes por bancos ou outras empresas de serviços financeiros.

Mas não são só os fornecedores que fazem parte da mico envolvente. Os **empregados** são aqui, talvez, o grupo de pessoas com maior impacto no serviço prestado aos Clientes. São eles que dão corpo, voz e sorriso à oferta de valor da empresa de serviços financeiros, são quem angaria a confiança necessária à transação bancária, à compra do seguro.

Os empregados organizam-se em **sindicatos** e **comissões de trabalhadores** que são o veículo institucional de contato, interação, negociação e acordo com as empresas.

Os **distribuidores e angariadores**, são outro grupo essencial na relação com os Clientes, nomeadamente no estabelecimento de uma imagem inicial. As seguradoras, mas também cada vez mais os bancos, recorrem a distribuidores independentes. Muitos destes distribuidores são exclusivos, mas existem também distribuidores e angariadores multimarca.

Em Portugal ao nível da Banca um bom exemplo de angariador multimarca é o das imobiliárias que encaminham, a troco de uma comissão, Clientes de crédito à habitação para os bancos.

Estes três grupos: fornecedores, empregados e distribuidores são as principais entidades integrantes do ambiente micro da empresa de serviços financeiros. E são também as entidades sobre as quais a empresa tem maior poder de influência.

A correta escolha de fornecedores empegados e distribuidores é fundamental em qualquer indústria, mas ganha uma importância acrescida no setor bancário em que a confiança é o elemento essencial que cimenta a relação com os Clientes. A empresa pode ainda, para estes intervenientes, desenhar modelos de incentivo adequados que garantam os níveis de serviço que deseja oferecer aos seus clientes.

A envolvente macro, muito menos controlável pela empresa, cobre as seguintes seis áreas fundamentais: i) Mercado e concorrência, ii) Economia estrutura e conjuntura, iii) Política, iv) Regulação, v) Tecnologia, vi) Sociedade e Cultural.

Analisamos de seguida, em maior pormenor, cada uma destas seis áreas.

Envolvente de Mercado e concorrência

De um ponto de vista muito genérico o papel dos serviços financeiros é o de intermediário financeiro seguro, isto é o de fazer o encontro mais seguro entre os múltiplos aforradores (particulares, instituições e empresas que dispõem de fundos e que estão dispostos a emprestá-los em troca de um juro) e os múltiplos devedores (empresas, investidores e particulares que pretendem obter fundos emprestados para os empregar na atividade produtiva ou no consumo e que estão dispostos a pagar um preço pelo acesso a esses créditos).

Naturalmente que os aforradores poderiam eles próprios negociar com os devedores e contratar os empréstimos diretamente num mercado aberto. Esse processo não seria evidentemente eficiente, quer pelos prazos envolvidos – os aforradores estão dispostos normalmente a emprestar por períodos curtos e os investidores ou consumidores (por exemplo para compra de casa) necessitam dos fundos por períodos longos, quer pelos riscos abraçados. Na verdade ao negociar com vários devedores as instituições financeiras conseguem medir e diluir o risco de uma forma mais eficaz do que o aforrador individual poderia fazer.

A intermediação e a redução dos riscos estão na base dos serviços financeiros. Mas o papel dos serviços financeiros não se confina a este papel de intermediação, como bem assinala Alan Bollard (2011), Governador do Banco Central Neozelandês que define assim o papel dos serviços financeiros na economia – "*Qualquer sistema financeiro moderno contribui para o desenvolvimento económico e para a melhoria das condições de vida fornecendo vários serviços ao resto da economia. Estes serviços incluem um sistema de compensação e liquidação que facilite o comércio, a canalização de recursos financeiros entre aforradores e devedores e vários produtos para combater o risco e a incerteza*"[4].

Esta definição envolve três grandes funções: i) organização e gestão de sistema de compensação e liquidação, ii) intermediação financeira, iii) análise e gestão do risco.

Na primeira, organização e gestão de sistema de compensação e liquidação, incluem-se o desenho, implementação e manutenção do sistema de pagamentos nacional e internacional (cheques, cartões, distribuição e recolha de notas e moedas, transferências, débitos diretos, etc.), mas também o estabelecimento de mercados de monetários e de capitais (bolsas, transações fora de bolsa, etc.). Na segunda, intermediação financeira, temos essencialmente a função de recolha de depósitos ou de fundos e a sua canalização para financiar o investimento e o consumo. Na terceira, análise e gestão do risco, temos a mitigação de riscos, quer através da atividade seguradora direta, quer através da escolha criteriosa de devedores, quer através da diversificação.

FIGURA 3.1.

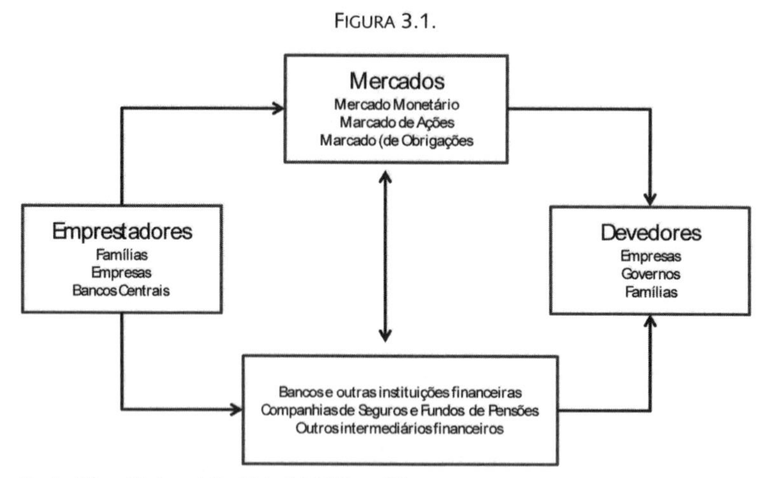

Fonte: Allen, Chui, and Maddaloni (2004) p. 491

A Figura 3.1. mostra-nos esquematicamente como se encaixam os vários componentes dos mercados financeiros. As setas mostram-nos os

[4] "Any modern financial system contributes to economic development and the improvement in living standards by providing various services to the rest of the economy. These include clearing and settlement systems to facilitate trade, channelling financial resources between savers and borrowers, and various products to deal with risk and uncertainty" (Bollard, 2011).

fluxos monetários. Uma seta entre Emprestadores e Mercados significa que os emprestadores canalizam o seu dinheiro para os mercados comprando títulos de dívida ou ações, fazendo assim chegar esse dinheiro aos Devedores (seta entre Mercados e Devedores).

Intervenientes no Mercado

No mercado de serviços financeiros atuam vários intervenientes: desde logo, naturalmente os **Clientes** (as Famílias, as Empresas e outras instituições mesmo os Estados) e os **Intermediários financeiros** (os Bancos, as Seguradoras, os Fundos, as Corretoras e outros intermediários financeiros).

Mas também os **Reguladores e Supervisores (**Banco de Portugal, Comissão de Marcado de Valores Mobiliários) e as **Entidades gestoras** dos Mercados Organizados (nomeadamente as Bolsas de Valores) e dos Sistemas de Pagamento.

Numa segunda linha existem igualmente os **Fornecedore**s destes intervenientes e que têm muitas vezes um papel determinante nos custos do setor. Estamos a pensar em fornecedores de tecnologias de comunicação e de informação, nas agências de *rating*, nas empresas de estudos de mercado, nas empresas de publicidade e muitos outros fornecedores que permitem que todo este mercado possa funcionar.

Concorrentes

O mercado de serviços financeiros português é constituído por um número limitado de instituições o que pode ser um indício de alguma falta de concorrência em algumas áreas.

Convêm contudo ter presente que por um lado o mercado português está aberto à entrada de instituições estrangeiras, nomeadamente as dos restantes países da União Europeia e que por outro os Bancos estão autorizados a intervir diretamente em alguns segmentos em que aparentemente a concorrência parece menor. Por exemplo em 2012 apenas existia 1 empresa de locação financeiras, no entanto os 34 bancos existentes podem oferecer, e muitos fazem-no, operações de locação financeira aos seus clientes o que faz subir imediatamente o número de instituições presentes neste segmento de mercado.

No mercado português atuavam em Setembro de 2012, as seguintes instituições financeiras:

- 34 Bancos
- 84 Seguradoras[5]
- 6 Sociedades de corretagem
- 3 Sociedades de Factoring
- 4 Sociedades de Garantia Mútua
- 4 Sociedades Gestoras de Fundos de Titularização de Créditos
- 10 Sociedades Gestoras de Patrimónios
- 19 Sociedades Financeiras de Crédito
- 29 Sociedades Gestoras de Fundos de Investimento Imobiliário
- 20 Sociedades Gestoras de Fundos de Investimento Mobiliários
- 1 Sociedade de Locação Financeira
- 2 Sucursais de Instituições de Crédito com sede fora da União Europeia
- 23 Escritórios de Representação de Instituições de Crédito com sede fora da União Europeia

O número reduzido de instituições tem, no fundo, mais ancoragem nas limitações do mercado nacional – população diminuta e com grande percentagem de agregados familiares com rendimentos reduzidos – do que com uma hipotética cartelização do setor.

Por exemplo o número de pessoas com produtos de poupança (Depósitos a Prazo, Planos de Poupança ou outros) era em 2012 grosso nodo 40%. Ou seja se a população portuguesa já configura um mercado reduzido – cerca de 4 milhões de famílias, as dificuldades económicas retiram 60% deste mercado que fica reduzido apenas a 1,6 milhões de famílias. Portugal acaba por ter um mercado efetivo mais reduzido do que outros países com populações de muito menor dimensão mas com uma melhor distribuição do rendimento.

[5] Fonte: Relatório de 2010 da Associação Portuguesa de Seguradores.

A falta de dimensão do mercado acaba também por ser patente na escassa especialização, bem visível na falta de diversidade dos intervenientes.

FIGURA 3.2.

Lista de Bancos	
1 Banco BIC	18 CCCAM
2 Banco BPI	19 Montepio
3 BPI	20 Finibanco
4 Millennium bcp	21 CGD
5 Activobank	22 CBI
6 BII	23 BBVA
7 BIG	24 Itaú
8 BES	25 Popular
9 Besi	26 Sant Consumer
10 BAC	27 Santander Totta
11 Best	28 B B
12 Finantia	29 Barclays
13 Invest	30 BNP
14 Banif	31 BNP SS
15 Banif Inv	32 BNP WM
16 Banif Mais	33 Fortis
17 BPN	34 Deutsche Bank

Fonte: Dados da Associação Portuguesa de Bancos, 2012.

FIGURA 3.3.

Lista de Sociedades Corretoras
1 BIZ VALOR - SOCIEDADE CORRETORA, SA
2 DIF-BROKER - SOCIEDADE CORRETORA, SA
3 FINCOR - SOCIEDADE CORRETORA, SA
4 GOLDEN BROKER - SOCIEDADE CORRETORA, SA
5 LISBON BROKERS - SOCIEDADE CORRETORA, SA
6 LUSO PARTNERS - SOCIEDADE CORRETORA, SA

Fonte: Sítio do Banco de Portugal, 2012.

Tendências atuais

O mercado de serviços financeiros português, inserido numa lógica europeia em plena integração, segue três tendências fortes que se poderão acentuar nos próximos anos:

1. **Aumento da concorrência de setores não financeiros** – um exemplo desta nova concorrência vinda de fora do setor pode ser encontrado na presença, cada vez mais forte e ativa, de serviços de pagamento fornecidos pelas empresas de comunicações. Crédito Pessoal oferecido por empresas financeiras inseridas em grupos de retalho ou Crédito Automóvel disponibilizado por financeiras ligadas a produtores de automóveis são outros exemplos notórios.
2. **Especialização** – A crise financeira iniciada em 2007 tem levado vários países a reintroduzir regras de especialização, nomeadamente, a separação entre a Banca Comercial e a Banca de Investimento.
3. **Concentração** – A intervenção estatal em instituições financeiras em vários países da Europa tem vindo acompanhada de remédios para evitar a concorrência desleal das entidades ajudadas às não ajudadas. Entre esses remédios conta-se a obrigatoriedade de venda de operações exteriores ou a redução do balanço no mercado doméstico. Ambas as medidas têm levado a uma transferência de quotas de mercado das empresas ajudadas para as não ajudadas. Um bom exemplo é a da compra do Kredyt Bank e do BZ WBK na Polónia pelo Banco de Santander que, assim, de um pequeno interveniente no mercado se viu catapultado para as primeiras posições deste mercado.

Envolvente Económica

A fase do ciclo económico, expansão ou contração, e o clima de confiança dos agentes determinam em grande medida o desenho da oferta das empresas de serviços financeiros. Mas determina também as políticas dos decisores políticos.

Assim numa fase de sobre aquecimento é provável que os agentes económicos pretendam continuar a investir com recurso a um endividamento crescente mas que, simultaneamente, os responsáveis políticos pretendam refrear essa exuberância do mercado para que se não criem bolhas artificiais cujo rebentamento pode ser desastroso.

As empresas de serviços financeiros têm então de encontrar o justo equilíbrio entre os incentivos vindos das autoridades monetárias (níveis de taxas de juro, taxas de câmbio, de reservas mínimas, regulamentos de capital, etc.), os desejos da clientela e a sua necessidade de rentabilidade e de prudência creditícia.

Em tempos de austeridade, como aquele que vivemos nos primeiros anos da segunda década do século XXI, a concentração de riqueza e o medo do futuro levam a uma taxa de poupança mais elevada.

Fatores de risco económico são igualmente os níveis do défice do orçamento público e da dívida pública bem como o nível do défice externo.

Um défice do orçamento público muito superior à taxa de crescimento do PIB torna-se um perigo porque significa que o país está a acumular uma dívida que poderá não ter capacidade de honrar.

Em 2012 Portugal, depois de dois anos de forte austeridade, ostentava um défice orçamental de mais de 5%, um decréscimo do Produto Interno Bruto (PIB) de 3,2% e uma dívida pública superior a 120% do PIB. Estes são o género de indicadores que afastam os investidores porque assinalam que o Estado terá que retirar cada vez mais recursos á economia, subtraindo-os ao investimento e ao consumo, apenas para fazer face ao serviço da dívida. São números que indiciam uma espiral recessiva de que é muito difícil de sair.

Pelo contrário um crescimento económico robusto, um mercado interno em expansão, um serviço da dívida pública controlado, são indicadores que despoletam investimento e que levam os agentes económicos a lançar novos projetos e os indivíduos a aumentar o seu consumo. Este é o entorno favorável à expansão da indústria de serviços financeiros.

Tendências atuais

Os desequilíbrios da economia portuguesa, provocados essencialmente por uma adesão mal gerida a uma moeda única europeia, são de tal magnitude que Portugal vai viver durante vários anos num ambiente com:

1. **Recessão intercalada com estagnação** económica com:
   a. Redução de salários e pensões
   b. Taxas de Desemprego elevadas
   c. Forte rotação do emprego e grande precariedade

   Esta situação torna o crédito, a empresas e particulares mais arriscado e, consequentemente, mais caro.
2. **Redução do consumo e do investimento** português e estrangeiro. Com as avaliações das agências de avaliação de risco (*rating*) a colocar Portugal na categoria de "lixo" muitas empresas estrangeiras ficam proibidas, pelas suas políticas internas de gestão de risco, de investir no nosso país.
3. **Aposta nas exportações** – canalização do investimento público e privado essencialmente para atividades geradoras de, ou de apoio a, exportações. Com o mercado interno estagnado ou em declínio as empresas procuram outros mercados. No entanto a reduzida dimensão da grande maioria das empresas portuguesas não lhes permite servir mercados distantes a não ser como subcontratados de empresas estrangeiras.
4. **Forte emigração e aumento das remessas de emigrantes.** A emigração tem sido fator estrutural na realidade portuguesa já que a economia nacional não consegue absorver toda a mão-de-obra existente mesmo num país com uma das mais baixas taxas de natalidade do Mundo.

Este cenário que consideramos o cenário mais provável tem como pressuposto a manutenção do país na zona Euro e a persecução das políticas de austeridade decididas ao nível da União Europeia. Naturalmente existem alternativas que poderiam levar a resultados mais favoráveis, no curto, médio e longo prazo, para o nosso país. No entanto pensamos que não existe vontade política nacional nem internacional para as adotar.

Envolvente Política

A envolvente política é da maior importância para o bom funcionamento da indústria de serviços financeiros. Com a crescente mobilidade de capitais e pessoas os mercados reagem instantaneamente á instabilidade política e às alterações sucessivas de rumo ao nível político.

Em Portugal, apesar de os dois partidos do rotativismo (Partido Socialista e Partido Social Democrata) quando no poder praticarem políticas indistinguíveis, a necessidade de satisfazer as vastas clientelas partidárias cria um clima de permanente instabilidade governativa.

O risco político materializa-se nos ratings do país e, consequentemente, nas taxas de juro da dívida pública e nas taxas de juro a que os bancos se podem financiar nos mercados. Por esta via a envolvente política tem um importante impacto no custo do financiamento das empresas de serviços financeiros que é, na maior parte das vezes, o seu custo mais relevante.

Políticas económicas de austeridade violenta podem também despoletar graves quebras de coesão social e mesmo de rebelião, como os que assistimos na Grécia.

Mas o risco político maior encontra-se associado aos países que vivem sob regimes ditatoriais que não respeitam os Direitos Humanos. Por alguns anos esses regimes podem parecer fortes e inamovíveis, mas no entanto acabam sempre por cair e lançar o caos durante o período de transição para um novo regime, muitas vezes uma nova ditadura.

Países como o Egito, a Tunísia ou a Síria viram no período em que durou a sua primavera árabe as taxas de juro do financiamento internacional aumentar em flecha devido à turbulência e incerteza que a queda de regimes autoritários provoca até novo regime se consolidar.

Podemos, pois, dizer que a envolvente política é ao nível macro o fator mais importante da envolvente das empresas de serviços financeiros.

Preocupações ambientais

A crescente atenção da esfera política aos problemas ambientais tem-se gradualmente traduzido em legislação apertada sobre a emissão de poluentes, o tratamento de lixos tóxicos, o transporte e armazenamento de materiais sensíveis entre outras.

Esta legislação aplica-se normalmente às empresas que produzem, tratam, armazenam ou transportam estes materiais potencialmente prejudiciais à saúde humana ou ao ambiente.

No entanto em alguns países, nomeadamente nos Estados Unidos da América (EUA), a responsabilidade do não cumprimento da legislação ambiental está a ser estendida aos credores, incluindo bancos, que pelo nível de financiamento assegurado, pela extensão das garantias sobre as instalações fabris ou sobre a maquinaria estejam em posição de influenciar a gestão da empresa diretamente responsável (ver caso).

O CASO DA FLEET FACTORS

Em 1976 nos EUA uma empresa têxtil a Swainsboro Print Works (SPW) assinou um contrato de factoring com a Fleet Factors (FF).

Como sempre no negócio de factoring a FF adiantava os fundos referentes às faturas emitidas pela SPW sobre os seus clientes. A FF procedia depois à cobrança dessas faturas na data de pagamento e ressarcia-se do dinheiro adiantado. A empresa de factoring tinha como garantia o penhor sobre alguns equipamentos da SPW.

O negócio correu mal e, em 1981, a SPW suspendeu a produção e começou a vender o stock. Durante esse período a FF manteve o seu serviço de cobrança embora tivesse deixado de adiantar fundos. O dinheiro das cobranças servia agora para pagamento de dívida acumulada. No final desse ano a SPW foi declarada falida tendo sido nomeada comissão liquidatária.

A FF acionou as garantias e entrou na posse de alguma maquinaria que de imediato alienou ou abateu. Terminava o envolvimento da FF com a SPW.

Entretanto a comissão liquidatária extinguiu-se tendo as instalações da SPW passado para a posse do município por não ter sido pago o imposto de propriedade. No interior das instalações foram encontradas quantidades elevadas de materiais perigosos e poluentes.

O município incorreu em custos avultados para retirar e tratar esses materiais e colocou os responsáveis da SPW e a FF em tribunal para reaver o custo do tratamento dos poluentes.

Depois de uma longa batalha legal, o tribunal deu razão ao município de a FF teve de suportar os custos. **O argumento do tribunal foi o de que a FF tinha suficiente poder sobre a SPW, pelo volume de crédito concedido, que poderia ter intervindo na gestão da empresa. Se não o fizera foi porque não quisera.** Mesmo sem intervenção na gestão e sendo apenas uma empresa de serviços financeiros, factoring, era na mesma responsável e agora que a SWP falira a única a ter de pagar a fatura ambiental da sua cliente.

Terrorismo, crime organizado e lavagem de dinheiro

Outra arena em que o poder político tem intervindo alterando a legislação é a do combate ao terrorismo, ao crime organizado e à lavagem de dinheiro.

O 11 de Setembro de 2001, com os ataques às torres gémeas de Nova Iorque, trouxe a preocupação com o terrorismo internacional para o primeiro plano das prioridades políticas. Na Europa as bombas que rebentaram na estação ferroviária de Atocha em Madrid em 2004 vieram reforçar a necessidade de dar prioridade à prevenção do terrorismo, nomeadamente através do combate ao seu financiamento.

O segredo bancário, o mais sagrado dos segredos profissionais, considerado mesmo mais sagrado do que o segredo do sacerdote na confissão caiu com estrondo face à necessidade dos Estados combaterem o financiamento ao terrorismo.

Uma vez derrubado o tabu do segrego bancário em casos extremos o legislador sentiu-se livre para o atacar noutras frentes, nomeadamente na frente fiscal, em que hoje os bancos e outras empresas de serviços financeiros não só não podem recusar-se a fornecer informação como se vêm na obrigação de atuar como fiscais não remunerados tratando-a, selecionando-a e entregando-a as autoridades fiscais competentes. Neste âmbito do combate à fuga e à fraude fiscais nem mesmo paraísos tradicionais como a Suíça e o Lichenstein estão imunes a terem de fornecer informação sobre os seus clientes não residentes.

A criminalização da lavagem de dinheiro em Portugal foi introduzida no Código Penal em 2004 por pressão internacional e só depois de aprovada diretiva comunitária (2001/97/EC).

Na União Europeia a Diretiva 60/EC de 2005 é a peça legislativa fundamental nesta matéria. Esta diretiva foi transposta, dois anos depois de emitida, para o ordenamento nacional através da Lei 25/2008.

Esta Lei vem impor um conjunto de novos deveres às instituições de crédito, às sociedades gestoras de fundos de pensões, sociedades de titularização de créditos, sociedades e investidores de capital de risco, sociedades de consultoria para investimentos, instituições de pagamentos, instituições de moeda eletrónica.

- **Dever de identificação** – "dever de exigir e verificar a identidade dos seus clientes e dos respetivos representantes"[6].
- **Dever de Diligência** – dever de "compreender a estrutura de propriedade e controlo do cliente, quando for pessoa coletiva", "obter informação sobre a finalidade e a natureza pretendida da relação de negócio", "obter informação sobre o perfil de risco do cliente ..., sobre a origem e o destino dos fundos", "manter um acompanhamento continuo da relação de negócio" e "manter atualizados os elementos de informação"[7].
  Este dever pode ser simplificado quando estão em causa entidades idóneas como entidades financeiras sediadas noutros estados membros da União Europeia, sociedades cotadas, Estado, Regiões Autónomas e organismos públicos.
  Este dever tem de ser reforçado no caso de operações à distância e operações com pessoas politicamente expostas.
- **Dever de Recusa** – dever de recusar "efetuar qualquer operação"[8] sempre que não for possível levar a cabo com sucesso o Dever de Identificação e o Dever de diligência. Sempre que for efetuada uma recusa é obrigatório informar o Procurador-Geral da República e a Unidade de Informação Financeira (UIF).
- **Dever de conservação** – dever de guardar durante sete anos cópias dos "documentos comprovativos do dever de identificação e de diligência"[9] bem como dos "registos das operações" de "molde a permitir a reconstituição da operação"[10].
- **Dever de exame** – dever de examinar com toda a prudência todas as "conduta, atividade ou operação cujos elementos caraterizadores a tornem particularmente suscetível de poder estar relacionada com o branqueamento ou o financiamento do terrorismo"[11].

---

[6] Lei 5/2008 com alterações subsequentes.
[7] Lei 5/2008 com alterações subsequentes.
[8] Lei 5/2008 com alterações subsequentes.
[9] Lei 5/2008 com alterações subsequentes.
[10] Lei 5/2008 com alterações subsequentes.
[11] Lei 5/2008 com alterações subsequentes.

Deve ser dada particular atenção à frequência, invulgaridade, aparente inexistência de um objetivo económico e outros indicadores na criação de mecanismo de alerta para certas operações.

- **Dever de comunicação** – dever de "por sua iniciativa, informar de imediato o Procurador-Geral da República (PGR) e a Unidade de Informação Financeira (UIF) sempre que saibam, suspeitem ou tenham razões suficientes para suspeitar que teve lugar, está em curso ou foi tentada uma operação suscetível de configurar a prática do crime de branqueamento de capitais ou de financiamento do terrorismo"[12].
- **Dever de abstenção** – dever de suspender e não executar "qualquer operação que saibam ou suspeitem estar relacionada com a prática dos crimes de branqueamento ou de financiamento ao terrorismo". Nestes casos devem informar o PGR e a UIF. Se um procurador não decidir pela suspensão no prazo de dois dias úteis a operação pode ser realizada.
- **Dever de colaboração** – dever de "prestar prontamente a colaboração requerida"[13] pelo PGR e pela UIF.
- **Dever de segredo** – dever de não comunicar ao Cliente ou a terceiros "que transmitiram as comunicações legalmente devidas ou que se encontra em curso uma investigação criminal"[14].
- **Dever de controlo** – dever de se organizar internamente, nomeadamente ao nível da "avaliação e gestão de risco e de auditoria interna" de forma a "eficazmente prevenirem o branqueamento e o financiamento do terrorismo"[15].
- **Dever de formação** – dever de formar os dirigentes e empregados para que "tenham um conhecimento adequado das obrigações impostas pela legislação e regulamentação em vigor nesta matéria" através de "programas específicos e regulares de formação"[16].

---

[12] Lei 5/2008 com alterações subsequentes.
[13] Lei 5/2008 com alterações subsequentes.
[14] Lei 5/2008 com alterações subsequentes.
[15] Lei 5/2008 com alterações subsequentes.
[16] Lei 5/2008 com alterações subsequentes.

Muitos destes deveres estão descritos de forma lata e suficientemente vaga para serem guias de ação e não listas de verificação imediata. Desta forma pretende-se responsabilizar as empresas de serviços financeiros pela boa aplicação da Lei.

O Banco de Portugal está formalmente incumbido nos termos da Lei 25 de 2008 de fiscalizar o cumprimento destes deveres pelas entidades financeiras. A partir de Fevereiro de 2013 o Banco de Portugal passa a ter o dever de cooperar com as Autoridades Europeias de Supervisão na fiscalização das entidades financeiras nacionais.

As empresas de serviços financeiros, como verificamos, hoje sujeitas a apertada legislação nacional e internacional ao nível das medidas que devem adotar contra a lavagem de dinheiro (AML – *Anti-money laundering*). Muitas das medidas obrigatórias obrigam à montagem de pesados processos de controlo interno e de recolha, reporte e arquivo de dados sobre os clientes e sobre as transações efetuadas pelos Clientes.

Hoje muitas empresas de serviços financeiros têm vastos departamentos de Compliance que asseguraram o estrito cumprimento dos deveres descritos na Lei 25/2008 e nas restantes normas legais e regulamentares.

Não é lançado um novo produto, não é iniciada uma nova campanha publicitária sem que o Departamento de Compliance se pronuncie. Não é efetuada uma operação, não é aberta uma conta, não é aceite um novo Cliente sem o escrutínio deste Departamento, hoje quase omnipresente na atividade financeira.

Portugal é também membro do FATF (Financial Action Task Force) organismo intergovernamental criado em 1989 com o objetivo de definir padrões de atuação no combate à lavagem de dinheiro e ao financiamento do terrorismo e de promover a sua efetiva implementação nos países membros. Para isso o FATF emite Recomendações que depois os países membros vertem para a sua legislação e atuação policial.

O FATF publica, no seu sítio da internet, lista com o grau de aderência dos países às suas Recomendações. No seu relatório de 2008 sobre Portugal o FATF refere expressamente que o nosso país não cumpria a Recomendação 6 e a Recomendação especial I e que apenas cumpre parcialmente um conjunto de 10 Recomendações, 8 Recomendações e 2 Recomendações Especiais.

É assim de esperar que Portugal continue a ser internacionalmente pressionado para implementar legislação mais rigorosa na área da luta contra a lavagem de dinheiro e o financiamento ao terrorismo.

Tendências atuais

Conhecer e antecipar as macrotendências políticas pode constituir uma pequena vantagem em termos de concorrência. Ignorar as macrotendências e não se preparar é seguramente uma grande desvantagem concorrencial porque o mais natural é que a maioria dos concorrentes as tenham antecipado se não todas pelo menos as mais visíveis.

Das macrotendências políticas atuais destacamos quatro:

1. **Integração europeia** – os países que compõem a União Europeia e em especial o grupo dos que adotaram o Euro estão a caminhar para uma maior integração económica e política. Medidas como o semestre europeu em que os orçamentos dos países são escrutinados pela e negociados com a Comissão Europeia, a União Bancária, os mecanismo de defesa de países excluídos dos mercados indicam que a direção é a de uma maior integração e de uma menor autonomia dos países mais pequenos e fracos. A União Bancária, por exemplo, significou desde logo que os principais bancos portugueses passassem a ser supervisionados pelo Banco Central Europeu e não por supervisores nacionais com tudo o que tal pode significar.
2. **Alargamento europeu** – a União Europeia vai continuar a alargar-se para Leste e, eventualmente, para Sul. A entrada da Turquia será certamente um desafio sério para Portugal.
3. **Maior preocupação com o ambiente** – cada vez mais a intervenção política em defesa do ambiente se vai traduzir em legislação e novos requerimentos, nomeadamente a responsabilização das empresas financeiras pelos resultados ambientais dos financiamentos concedidos.
4. **Reputação dos bancos** – tendência para um cada vez maior escrutínio público e político da atuação das empresas de serviços financeiros nomeadamente dos bancos. O escândalo do *subprime,*

as infrações em termos de reporte das taxas de juro interbancária em libras (*libor*), os problemas económicos causados pelo tamanho excessivo de alguns bancos face ao PIB dos seus países (Irlanda, Bélgica, Islândia, Suíça e outros) colocaram os holofotes sobre este setor. Esta pressão não será suavizada nos próximos anos. A implementação de políticas sociais (evitando os despedimentos, refreando o volume de bónus, o apoio às comunidades, o mecenato artístico, etc.) e de responsabilidade social pode ajudar os bancos a ultrapassar a desconfiança política que se instalou nos países mais desenvolvidos.

Envolvente Regulamentar

No caso português as mais importantes peças regulamentares envolvendo as empresas de serviços financeiros têm origem internacional. As diretivas comunitárias, as regras emanadas do Banco Central Europeu, as decisões tomadas ao nível do Acordo de Basileia correspondem ao essencial da regulamentação do setor financeiro português.

Mas se as regras e os regulamentos são estabelecidos a nível internacional a verificação da sua implementação efetiva encontra-se atribuída em grande parte a organismos locais, como o Banco de Portugal e a Comissão do Mercado de Valores Mobiliários (CMVM) e o Instituto de Seguros.

As empresas nacionais têm, pois, muito pouca capacidade de influenciar o desenho das regras e regulamentos mas têm a possibilidade de negociar com as autoridades nacionais a forma da sua aplicação. A União Bancária europeia veio transferir a supervisão prudencial dos supervisores nacionais para o Banco Central Europeu reduzindo esta última possibilidade.

Regras de Solvência ou de Capital

Os Bancos estão sujeitos a apertadas regras de Solvência. São os famosos ratios de capital de cumprimento obrigatório.

Se uma empresa tem um capital social de 3.000 milhões de Euros e ativos de 90.000 Milhões de Euros dizemos que esta empresa está alavancada 30 vezes (90.000 / 3.000 = 30). Isto é os seus ativos são 30 vezes superiores aos seus ativos. A diferença entre os 3.000 Milhões de Euros de capital e os 90.000 Milhões de Euros de ativos, 87.000 Milhões de Euros, está financiada por capitais alheios, isto é por dívidas. Um prejuízo de apenas 3,5% dos ativos, 3.150 Milhões de Euros, leva imediatamente esta empresa à falência, pois ficará com capitais negativos (3.000 – 3.150 = – 150).

Se esta empresa for um banco a dívida é em grande parte constituída pelos depósitos dos clientes. Depósitos que no caso acima estariam comprometidos se o Banco tivesse um prejuízo de 3,5% dos ativos e, ficando com capitais negativos, falisse.

A necessidade de proteção dos depositantes leva a que as autoridades imponham níveis de capitais mínimos face ao volume e natureza dos ativos.

A natureza dos ativos é relevante na medida em que não é indiferente que um banco tenha como ativos numerário, que não pode dar prejuízo, créditos a empresas privadas em dificuldades (ou de mau rating) ou crédito a empresas públicas saudáveis (ou de bom rating). Por isso todos os ativos são ponderados pelo risco e é face ao total de Ativos Ponderados pelo Risco, RWA – Risk-Weighted Assets, que se calculam os níveis mínimos de Capital que um Banco deve ter (ver exemplo).

Inicialmente cada país impunha os níveis mínimos de capital que as suas autoridades definiam como o adequado à proteção dos depositantes e do sistema financeiro. Mas essa situação passou a ser insustentável num mundo crescentemente globalizado.

Em 1988 foi assinado por mais de 100 países o Acordo de Basileia I, *International Convergence of Capital Measurement and Capital Standards*, que definiu os requisitos mínimos de capital dos bancos e a sua forma de cálculo.

Estas regras foram depois aperfeiçoadas em 2004 com a assinatura do Acordo de Basileia II. Este acordo assentava em três pilares fundamentais:

1. **Requerimentos mínimos de Capital**. Consideraram-se três tipos de risco: i) o risco de crédito, ii) o risco de mercado e o iii) o risco operacional. Para cálculo de cada um destes riscos forma estabelecidas várias metodologias que cada instituição, de acordo com a sua dimensão e sofisticação interna, pode escolher. Por exemplo para cálculo do risco de crédito existem três metodologias disponíveis: o método padrão, o método dos ratings internos simples (F-IRB ou

Foundation Internal Ratings-Based) e o método dos ratings internos avançado (A-IRB ou *Advanced Internal Ratings-Based*).

2. **Poderes dos reguladores** – os poderes dos reguladores foram estendidos e reforçados para que possam monitorizar adequadamente os níveis de capital de cada instituição. No entanto essa monitorização foi insuficiente para evitar a crise financeira internacional iniciada em 2007.
3. **Disciplina de mercado** – a disciplina de mercado seria obtida pela obrigatoriedade de divulgação pública de um conjunto de indicadores, nomeadamente de vários ratios de capital, que teoricamente permitiriam a outros intervenientes no mercado (Acionistas, Clientes, Concorrentes, autoridades públicas) punir as instituições que não cumprissem boas práticas em termos de prudência de capital. Infelizmente o que se assistiu foi ao inverso com as instituições menos capitalizadas (e por isso muito mais rentáveis do que os concorrentes mais sólidos) a ser preferidas por Investidores, Clientes e mesmo pelas autoridades. A disciplina pelo mercado não funcionou.

Em Portugal a maioria dos grandes bancos optaram pelo A-IRB no que toca ao risco de crédito e pelo método padrão (STA – *STandardized Approach*) no cálculo do risco operacional.

A crise iniciada em 2007 levou a uma série de revisões e ajustes deste acordo no sentido de impor regras mais estritas de capital, de reforço dos poderes dos reguladores e da intervenção dos Estados.

O Acordo de Basileia III, assinado em 2010 e revisto em 2011, deve ser implementado pelas instituições de crédito a partir de 2014 e 2018. Na introdução os signatários referem expressamente que este novo acordo visa "melhorar a capacidade do setor bancário de absorver choques provenientes de tensões financeiras e económicas, qualquer que seja a sua origem e, assim, reduzir o risco de transmissão do setor financeiro para economia real de eventuais crises"[17]. E que a sua redação integra as lições aprendidas pelos responsáveis com a crise iniciada em 2007.

[17] O texto do Acordo diz textualmente: "is to improve the banking sector's ability to absorb shocks arising from financial and economic stress, whatever the source, thus reducing the risk of spillover from the financial sector to the real economy". Tradução livre do autor.

As novas regras definem com muito maior precisão quais os instrumentos considerados para cada nível (tier) de Capital e impõem ratios mais exigentes. Para se adaptarem a estas regras, que como vimos devem estar plenamente em vigor em 2018, foi delineado com calendário muito preciso com metas anuais rigorosas. O ano de 2013 é o primeiro ano desse calendário, já com requerimentos de capital mais exigentes do que os tradicionais.

Os requisitos de Capital vão subindo esperando-se que todos os bancos atinjam os seguintes valores no final de 2018:

- Ações ordinárias e lucros retidos – 4,5% dos Ativos ponderados pelo Risco (RWAs)
- Capital de Nível 1 (Tier 1) – 6% dos Ativos ponderados pelo Risco
- Capital Total – 8% dos Ativos ponderados pelo Risco

Para além destes níveis as instituições financeiras terão ainda de manter capital excedentário de amortecimento (*buffer*) para fazer face a ocorrências inesperadas que levem a perdas de capital. O capital excedentário a constituir entre 2013 e 2018, deve situar-se no final se deve situar nos 2,5% dos Ativos ponderados pelo Risco. Sempre que o capital excedentário se aproxime de zero as instituições ficam proibidas de distribuir dividendos aos acionistas e bónus aos administradores.

Contudo a chave para se poder determinar se estas regras são mais ou menos prudentes dos que as do Acordo de Basileia II que foi incapaz de prevenir uma crise financeira de grandes e dramáticas proporções, é a definição dos parâmetros de ponderação do Capital. Recorde-se por exemplo que a dívida pública de países como a Irlanda e a Grécia era ponderada a zero, isto é era considerada 100% segura e por conseguinte não exigia capital.

Quando a Grécia, em 2012, pediu e obteve um perdão voluntário da dívida várias instituições não tinham capital que absorvesse essa perca e tiveram de ser capitalizadas com dinheiro público que foi obtido por aumento da dívida pública o que por sua vez justificou medidas de austeridade que induziram uma recessão nas economias dos países onde tais instituições estavam sediadas. No Chipre esse impacto foi dramático. Portugal também sofreu um duro golpe.

Regras de Liquidez

O Acordo de Basileia III veio também introduzir novas regras de liquidez, quer de curto prazo quer estruturais, a que os bancos e instituições de crédito se devem submeter.

Na gestão da liquidez de curto prazo a ideia base é a de que as instituições devem ter na sua carteira um volume de ativos líquidos de alta qualidade (HQLA – *High-Quality Liquid Assets*) que lhes permita fazer frente a 30 dias de necessidades de financiamento calculadas para uma situação de tensão nos mercados.

Para medir o efetivo cumprimento deste objetivo as instituições de crédito deverão calcular o seu Ratio de Cobertura de Liquidez (LCR – *Liquidity Coverage Ratio*) e os reguladores deverão controlar se ele está dentro dos parâmetros requeridos. Está previsto um prazo que se estende de 2015 a 2019 para que as instituições se adaptem a esta nova exigência.

Já para assegurar a boa gestão estrutural da liquidez foi desenvolvido uma segunda regra que promova o financiamento dos ativos por fontes estáveis de fundos. Para acompanhar este segundo objetivo foi criado o Ratio de Financiamento Líquido Estável (NSFR – *Net Stable Funding Ratio*). Basicamente exige-se que o volume de financiamento estável seja sempre superior às necessidades de fundos estáveis. Esta regra será acompanhada pelos reguladores a partir de 2018.

Os novos requisitos de liquidez têm como consequência uma menor rentabilidade do negócio dos serviços financeiros, uma vez que as instituições são obrigadas a manter um volume de ativos líquidos que será pouco ou nada rentável e um volume de financiamento estável que tenderá a ser caro.

Regras de Alavancagem

Para além de novos requisitos de Capital e de Liquidez o Acordo de Basileia III institui também um acompanhamento pelas autoridades do grau de alavancagem das instituições de crédito, impondo limites.

O objetivo mínimo foi definido como sendo de 33,33. Isto é o total de ativos não pode ser superior a 33,33 vezes o Capital da instituição. Ou dito de outra maneira o Capital não pode ser inferior a 3% do Total dos Ativos. Para este efeito os Ativos não são ponderados pelo risco.

Em 2018 passará a ser obrigatório cumprir esta exigente regra, que também vem adicionar mais um travão à rentabilidade das instituições de crédito.

Regras Comportamentais

A partir de 2008 com a publicação do Decreto-Lei n. .º 1/2008, de 3 de Janeiro, o Banco de Portugal passou a ter amplos poderes de supervisão sobre a atuação das instituições de crédito. "Este quadro legal atribui ao Banco de Portugal competências para estabelecer regras de conduta das instituições de crédito, das sociedades financeiras e das instituições de pagamento que assegurem a transparência de informação nas fases contratuais e pré-contratuais, nomeadamente no domínio da publicidade, e a equidade nas transações de produtos e serviços financeiros entre as entidades supervisionadas e os seus clientes. Consagra igualmente o direito de os clientes apresentarem diretamente reclamações ao Banco de Portugal"[18].

Na sequência de alguns escândalos de venda de produtos financeiro cujo risco não terá sido completamente entendido pelos compradores, o legislador decidiu que os reguladores deveriam assegurara transparência de informação e da publicidade bem como a equidade das transações.

O Banco de Portugal é especialmente ativo a este nível como se pode constatar pela leitura do Relatório de Supervisão de 2011:

> "Foram fiscalizadas 5112 campanhas de publicidade de 65 instituições, das quais 20 foram analisadas previamente por serem de depósitos indexados e duais. O Banco de Portugal determinou a modificação de 128 campanhas e a suspensão de 3, menos do que no ano anterior, o que representa um progresso na forma como as instituições aplicam as normas em vigor. Das campanhas alteradas, 73 por cento envolveram produtos de crédito aos consumidores.
>
> Foram verificados 924 Folhetos de Comissões e Despesas e 600 Folhetos de Taxas de Juro do Preçário das instituições, obrigatoriamente reportados ao Banco de Portugal. Foram ainda analisados 339 Preçários, através de ações de inspeção nos próprios balcões e sítios das instituições na internet".

[18] Sítio do Banco de Portugal consultado no dia 26 de Fevereiro de 2013.

A regulamentação comportamental é extremamente importante para a prática profissional do Marketing Bancário. Voltaremos a este tema, de forma mais detalhada, nos capítulos seguintes.

Tendências atuais

Depois de delineadas as regras, nomeadamente ao nível de Basileia III e das regras comportamentais o período que temos pela frente será o da sua implementação gradual com eventuais afinações que se justifiquem.

A criação do Mercado Bancário Único na União Europeia e a transferência da supervisão prudência das maiores instituições para o âmbito do Banco Central Europeu vão ser fonte de nova regulamentação que se espera mais do tipo operacional do que do tipo substantivo.

Envolvente Tecnológica

Vivemos num mundo em que a tecnologia ocupa um lugar central. Quando da entrada no III milénio verificámos que os chips (circuitos eletrónicos integrados e miniaturizados), que na altura se pensou poderem não reconhecer a nova data, estavam em todas as áreas do nosso quotidiano. Nas máquinas de lavar, nas máquinas do café, nos fogões, nos aquecedores, nos elevadores, nos carros, nos telefones, em todo o lado encontramos chips.

Estes circuitos eletrónicos foram inventados em 1958. Pouco mais têm que 50 anos.

Outra característica é que temos assistido a um acelerar das descobertas científicas e da introdução de novas tecnologias a todos os níveis da atividade humana. A maioria dos aparelhos que utilizamos não existia no século XIX.

Ao nível dos serviços financeiros as inovações tecnológicas têm sido abundantes e muitas delas estruturantes.

Nos serviços financeiros foram muitas as inovações tecnológicas e suas consequências.

Cartão de Crédito – Se bem que os primeiros cartões de crédito tenham surgido nos Estados Unidos em 1902 foi só nos anos 50 que se deu a expansão deste negócio e apenas em 1955 é que surgiu o primeiro cartão de crédito de plástico. Em Portugal eles chegaram no início dos anos 70 e só na década de 90 é que se tornou um produto de massas, sendo até aí um produto de nicho para os segmentos mais altos do mercado.

Ligação em tempo real das Sucursais – (também designado por teleprocessamento). Em meados dos anos 80 as redes de sucursais, agências e dependências dos bancos portugueses começam a estar ligadas em tempo real aos computadores centrais dos bancos, permitindo assim o acesso imediato e a atualização imediata dos dados e transações dos clientes. Passou assim a ser possível um Cliente usar qualquer sucursal do seu banco e não apenas aquela onde a sua conta está sediada.

Caixa Automática (CA ou ATM – *automated teller machine*) – A primeira caixa automática plenamente funcional foi inaugurada em 1959 nos Estados Unidos. Em Portugal a Rede Multibanco, gerida pela Sociedade Interbancária de Serviços (SIBS) foi criada em 1985. "Criada a 2 de Setembro de 1985 com a instalação da rede de CA, juntamente com uma série de operações que foram sendo implementadas ao longo dos anos, das quais se destacam os pagamento de serviços, os pagamentos ao Estado, o carregamento de telemóveis e o carregamento de passes, entre outras, o MULTIBANCO passou a fazer parte do dia-a-dia das pessoas"[19]. No final de 2011 existiam mais de 14.000 ATMs em Portugal que movimentaram mais de 53 mil milhões de Euros. De acordo com a SIBS "Portugal tem a maior rede de Europa em número de ATM por habitante"[20].

Terminais de Pagamento Automático (TPA) – permitem o pagamento com cartões bancários. Em geral os retalhistas estão equipados com terminais que permitem identificar o cartão e através de comunicação instantânea verificar se existe autorização para efetuar a transação. Se aprovada o dinheiro será depositado na conta do comerciante e debitado ao titular do cartão. Esta tecnologia foi introduzida pela primeira vez nos Estados Unidos em 1981. A Portugal só chegou alguns anos mais tarde.

No final de 2011 existiam em Portugal mais de 275 mil TPAs em funcionamento que movimentaram mais de 30 mil milhões de Euros.

---

[19] Site do Multibanco, < http://www.multibanco.pt/pt/>, consultado a 25 de Fevereiro de 2013.

[20] SIBS Market Report.

Desmaterializações dos Valores Mobiliários – Até ao início dos anos 90 do século XX quando em Portugal se compravam ações (ou outros títulos mobiliários) de uma empresa, compravam-se títulos em papel, cada uma deles com um número que o distinguia de todas os outros. Assim quando se efetuava uma transação as ações tinham de passar fisicamente da posse do vendedor para a posse do comprador, num processo burocrático e, dado o número de intervenientes, muito demorado. Sem as suas ações na sua posse o comprador não as podia revender. Em **1991** com a Reforma Sapateiro veio introduzir-se a fungibilidade das ações e a sua desmaterialização. Desse momento em diante uma transação apenas dava lugar a uma alteração do registo de propriedade das ações junto de uma Central de Depósito. Essa alteração era feita de forma eletrónica e de imediato. "A desmaterialização dos valores mobiliários constitui, sem dúvida, um fator da maior importância para a solução do problema das liquidações e, consequentemente, para a dinamização do mercado"[21] .

A INTERBOLSA, que iniciou a sua atividade em 1991 e que hoje está integrada no grupo Euronext, gere a Central de Valores Mobiliários Portugueses.

A Truncagem dos Cheques – Apesar do seu custo elevado, quando comparado com outras alternativas disponíveis, o cheque continua a ser uma forma muito utilizada de pagamento em Portugal. Até meados da década de 90 os cheques passados pelo cliente do Banco A e depositado no Banco B, percorria um longo circuito que o levava do balção do Banco B até aos serviços centrais de compensação do banco B e depois até uma central de compensação do Banco de Portugal (existiam vários serviços de compensação de cheques pelo País) onde era entregue a um funcionário do Banco A que o levava para os seus serviços centrais onde era então verificada a existência de saldo e se conferiam as assinaturas. Se algo não estivesse bem o Banco A não aceitava o pagamento e devolvia o cheque que então fazia todo um percurso inverso até às mãos do depositante. A truncagem de cheques é um método de compensação eletrónica em que os cheques são fisicamente guardados pelo banco tomador (onde é feito o depósito) e apenas de trocam dados e imagens dos cheques.

[21] Decreto-Lei n.º 142-A/91.

A troca de dados permite decidir imediatamente se o cheque tem ou não provisão. Em casos especiais é também feita a troca de imagens que permite efetuar as restantes conferências. O processo é praticamente contínuo e sem intervenção humana que apenas é necessária para gerir as exceções. Desde 2003 que já não se efetua qualquer troca física de cheques em Portugal.

Banca pela internet – Os primeiros serviços de banca à distância usando o videotexto, solução tecnológica que apenas vingou em França com o serviço Minitel, foram lançados em 1981 na Europa. Mas tal como hoje a concebemos a banca pela internet só surgiu em **1994** nos Estados Unidos. Em Portugal todos os Bancos oferecem serviços pela internet.

Mobile Banking – Até 2010 a forma mais usual de *mobile banking* ou de banca através do telemóvel baseava-se na troca de SMS protegidos. Dessa forma era possível aos Clientes consultar os saldos das suas contas e transmitir algumas ordens ao seu banco (ordens de transferência, ordens de compra e venda de ações e outros títulos mobiliários, entre outras). Mas a verdadeira explosão do *mobile banking* está associada ao êxito dos smart phones[22] (o primeiro *i-phone* da Apple foi lançado em 2007) e dos *tablets* que permitem que o telefone móvel seja utilizado como um pequeno computador com acesso à internet. O telemóvel passou assim a ter acesso a uma panóplia de serviços financeiros muito semelhante àquele que se pode aceder pela internet.

Para que estes serviços estejam disponíveis é preciso relembrar não só os avanços nas telecomunicações como também em áreas tão diversas como a da encriptação, que permite que as comunicações eletrónicas sejam seguras, e a dos materiais, com o desenvolvimento de fibras óticas que possibilitam a transmissão de grandes volumes de informação de forma extremamente rápida.

A evolução tecnológica deu origem a modelos de negócio novos que não vingaram porque rapidamente foram ultrapassados, como o dos bancos telefónicos. Certas tecnologias não se impuseram no mercado (banca

---

[22] Os *smartphones* ou telefones inteligentes são os telefones móveis equipados com o muito versátil sistema operativo mobile OS (sistema operativo móvel) que combina simultaneamente um computador pessoal, um telemóvel, um sistema de wi-fi e um GPS entre outros sistemas.

através de SMS), outras vieram para ficar (banca pela internet), mas nenhuma tecnologia parece até hoje ter destronado o serviço pessoalizado, face-a-face, como a forma preferida dos Clientes para desenvolver negócios mais complexos e para criar laços de confiança com as instituições.

Tendências atuais

As inovações tecnológicas têm sido constantes ao longo das últimas décadas. A grande tendência para os anos vindouros é a de que a indústria dos serviços financeiros continue a absorver entre outras as novas tecnologias de informação, as novas aplicações de modelos matemáticos, os conhecimentos relativos ao comportamento do consumidor.

Parecem promissoras as tendências que despontam de *cloud computing*, de utilização de dados biométricos para identificação de pessoas, de robotização de atividades administrativas, de coprodução e de *self-service*.

A internet e o mobile não estão ainda explorados em todo o seu potencial pelo que nesta área continuamos a esperar desenvolvimentos e novidades.

Envolvente Sociocultural

É ao nível da envolvente cultural que estudamos os Clientes os seus hábitos e comportamentos de consumo. A indústria dos serviços financeiros serve, basicamente, dois grandes grupos de Clientes: os Clientes Individuais e os Clientes Empresas.

Os clientes individuais

Portugal tinha, de acordo com censo efetuado pelo Instituto Nacional de Estatística (INE) em 2011, 10,5 milhões de residentes agrupados em cerca de 4 milhões de famílias.

Estes 4 milhões de famílias têm diversas configurações, desde famílias constituídas apenas por uma pessoa, a famílias monoparentais, passando por famílias alargadas com muitos elementos vivendo em conjunto.

FIGURA 3.4. – Número Famílias em Portugal segundo a sua dimensão
Valores em Milhares

Membros	Número	%
1	867	21,4%
2	1278	31,6%
3	966	23,9%
4	671	16,6%
5	182	4,5%
6	56	1,4%
7	15	0,4%
8	5	0,1%
9 ou mais	4	0,1%
Total	4 044	100,0%

Fonte: INE, Censo 2011

Relevante é constatar que mais de metade das famílias residentes em Portugal é constituída apenas por um elemento (21,4%) ou dois elementos (31,6).

A família clássica do casal e dois filhos representa uma escassa minoria de apenas 13% do total de famílias. Note-se que o número de famílias com quatro pessoas é ligeiramente maior (16,6%) mas inclui por exemplo famílias monoparentais de mãe ou pai e três filhos, ou famílias em que para além do casal existem outros familiares (pais, irmãos, etc.). O casal clássico conta com menos famílias do que a família de uma única pessoa.

Apesar de ser um país de emigração Portugal também acolhe pessoas de outras nacionalidades que se instalam em Portugal para trabalhar ou para disfrutar de uma reforma tranquila. São cerca de 130 mil famílias estrangeiras que residiam em Portugal na altura do censo.

Falamos de famílias porque as principais decisões financeiras são normalmente tomadas a esse nível. Por exemplo um crédito à habitação normalmente envolve a assunção da dívida pelos dois membros do casal e muitas vezes o aval de outros membros da família.

Com a emigração dos adultos em idade de trabalhar a população residente ganha um perfil cada vez mais envelhecido.

E ao contrário do que se diz a melhoria da esperança de vida – porque feita essencialmente por via da redução da mortalidade infantil e juvenil – tem contribuído para o rejuvenescimento da população, ou seja se não fora essa melhoria o perfil de envelhecimento seria muito maior.

O envelhecimento da população portuguesa pode medir-se pelo Índice de dependência de idosos que é calculado dividindo o número de pessoas com idade superior a 65 anos pelo número de pessoas em idade ativa (dos 15 aos 45 anos). Em 1960 esse índice era de 33,6% e em 2011 de 47,9%.

Uma outra tendência consistente é a da melhoria dos níveis educacionais da população. Ao nível do grau máximo, o de doutoramento, passamos de 116 doutoramentos em 1980 para 1.666 em 2010. Apesar do esforço de recuperação em 2012 ainda existiam quase 900 mil portugueses sem quaisquer estudos e mais preocupante na população ativa (dos 15 aos 64 anos) apenas cerca de um milhão e meio de pessoas tinha o ensino secundário.

Em termos europeus somos ainda o país com menor nível educacional.

FIGURA 3.5. – População entre os 25 e os 64 anos que completou pelo menos o ensino secundário

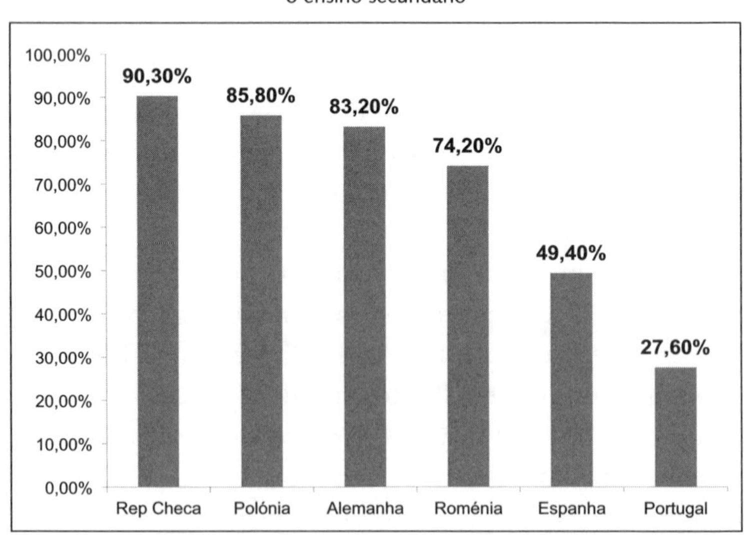

Fonte: Pordata

Em termos culturais Portugal apresenta-se como um país pouco cultivado, fechado, pouco gregário, com baixa autoestima, conservador e com uma comunicação social muito contida, isto apesar de o poder político ter tomado algumas medidas de carater liberalizante como a despenalização do aborto e a legalização dos casamentos entre pessoas do mesmo sexo.

Nos últimos anos o sentimento que perpassa a sociedade é o de pessimismo, insegurança e de medo.

Uma comunicação de Marketing que não leve em consideração estas características demográficas e culturais arrisca-se a falar no vazio e a não ter qualquer impacto comercial.

UMA CAMPANHA QUE FALOU AOS PORTUGUESES

Uma campanha que capta os traços culturais dominantes e que conseguiu ser um grande êxito de popularidade foi levada a cabo pelo **Montepio Geral** em 2004.

A Campanha tinha como mote "Eles falam, falam..." e contava com o concurso de Ricardo Araújo Pereira talvez o mais famoso e original comediante português.

O anúncio tirava partido da perceção de burocracia (eles falam, falam... e não fazem nada) e de discurso complexo e incompreensível (eles falam, falam... e não dizem nada) que muitos Clientes tinham de muitas instituições financeiras.

Graças a essa sintonia com o mercado esta campanha alcançou enorme popularidade.

Clientes empresas

As estatísticas oficiais sobre o número de empresas em atividade em Portugal são de baixa qualidade com vários organismos a publicar diferentes números.

O INE refere que existiam, em 2007, 1 018 941 empresas em Portugal com uma ou mais pessoas remuneradas. Mas é notório que este número não corresponde verdadeiramente ao tecido empresarial português. O próprio INE refere para o mesmo ano o número de 242 315 empresas com 2 ou mais pessoas remuneradas. Isto é do milhão de empresas inicial quase 800 mil (76% do total apurado pelo INE) seriam na verdade empresários em nome individual. Ora o estatuto de empresário em nome individual em Portugal (o famoso trabalho a recibos verdes) não passa de um assalariado com um estatuto muito precário. De um ponto de vista de Marketing dos serviços financeiros não convém, mesmo nada, confundir as duas realidades.

Um dado a reter é a pequenez das nossas empresas. Em 2010, empresas não financeiras com mais de 250 empregados existiam apenas 895 em Portugal, um número que em 1990 era de 1087. Como grande tendência vemos que o número das grandes empresas em Portugal tem vindo sistematicamente a diminuir nos últimos 20 anos. Em contrapartida o número de pequenas e médias empresas tem subido. Por exemplo o número de empresas não financeiras com 10 a 19 empregados aumentou no mesmo período de 16 000 para mais de 27 000.

Os Clientes Empresa incluem também um conjunto de outras entidades que sendo entidades coletivas não têm como finalidade o lucro. Falamos das Fundações, das Associações e dos órgãos do poder central e local.

Um grupo que flutua entre os Clientes Individuais e os Clientes Empresa são os empresários em nome individual (ENIs). A separação entre património individual e património afeto à atividade económica é extremamente fluída e de muito difícil separação, sendo que, muitas vezes, nem o próprio cliente a consegue fazer com rigor. Podem ser tratados na sua dupla vertente como Individuais com as suas necessidades financeiras próprias e como microempresas com necessidades típicas destas empresas.

No capítulo sobre segmentação veremos em mais pormenor as diferentes formas de olhar para os Clientes Empresa.

BIBLIOGRAFIA

Banco de Portugal (2011), Relatório de Supervisão de 2011.

Bank for International Settlements (2011), Basel III: A global regulatory framework for more resilient banks and banking systems.

Bank for International Settlements (2013), Basel III: The Liquidity Coverage Ratio and liquidity risk monitoring tools.

Bollard, Alan (2011), "The role of banks in the economy -improving the performance of the New Zealand banking system after the global financial crisis", Tauranga, discurso de 6 de Agosto de 2011 na reunião anual dos Associação dos Acionistas neozelandeses.

Boot, Arnold W. A. e Anjan V. Thakor (1997), "Financial System Architecture" in The Review of Financial Studies, Volume 10, Número 3, pp. 693-733.

Fitzen, Lena (2006), *Marketing Environment*, Alemanha, Grin Verlag.

Kotler, Philip e Gary Armstrong (2010), *Principles of Marketing*, 13th edition, new Jersey, Pearson Prentice Hall.

Pride William M. e O.C. Ferrel (2012), *Marketing*, USA, South-Western Cengage learning.

SIBS (202), SIBS Market Report.

Wehinger, Gert (2010), "Risks Ahead for the Financial Industry in a Changing.
Interest Rate Environment" in OECD Journal: Financial Market Trends, Volume 98, Número 1.

Young, Felina C. e Cristobal M. Pagoso (2008), Principles of Marketing, Manila, Rex Book Stores, Inc.

IV

Definir a Estratégia

Um processo de definição da estratégia estruturado passa por três passos sequenciais mas interativos: 1) Segmentação, 2) Escolha de Segmentos e 3) Posicionamento.

FIGURA 4.1.

O resultado final deste exercício é a definição clara dos segmentos de mercado que a empresa quer servir e a da forma como a empresa os pretende servir com vista a alcançar metas de crescimento do negócio e de rentabilidade.

Segmentação

A teoria económica clássica sobre a concorrência perfeita e sobre o monopólio pressupõe a homogeneidade da oferta e da procura. Nessas circunstâncias a segmentação não é possível.

No entanto a realidade é que tanto a oferta como a procura são heterogéneas. Nem todos reagem da mesma forma a um aumento de preços, nem todos reagem da mesma forma a uma alteração do produto ou da distribuição. Nem todos reagem da mesma maneira à promoção.

Em meados dos anos 50, Wendell R. Smith avançou com uma solução estratégica para a questão da procura divergente: a segmentação.

O que é a Segmentação

Para Wendell R. Smith (1956) a segmentação de mercado consiste em ver um mercado heterogéneo (um mercado caracterizado por uma procura divergente) como um conjunto de mercados homogéneos mais pequenos.

Segundo Smith a estratégia baseada na segmentação ao contrário da estratégia baseada na diferenciação de produto, ancorava-se no desejo dos clientes de uma melhor e mais precisa satisfação das suas necessidades. A segmentação representa o ajustamento da oferta às necessidades dos clientes (Figura 4.2.).

Depois dele muitos outros autores se debruçaram sobre a definição de segmentação mas, na realidade, pouco puderam adiantar. É que o essencial tinha sido dito.

Para podes melhor ajustar a sua oferta às necessidades dos vários segmentos a empresa precisa:

1. Identificar as diferentes necessidades
2. Encontrar as características unificadoras das pessoas com as mesmas necessidades

FIGURA 4.2. – Segmentação
De um mercado heterogéneo ... para um conjunto de mercados homogéneos

Bases de segmentação em Clientes Particulares

A segmentação só é possível quando é possível encontrar diferentes necessidades associadas a diferentes grupos homogéneos de Clientes. Dividir o mercado em grupos homogéneos de Clientes é sempre possível mas isso, por si só, não é segmentação. Só se a esses grupos corresponderem necessidades diferentes é que estamos em presença de uma verdadeira segmentação.

Assim a segmentação utiliza dois tipos de variáveis: 1) as necessidades 2) variáveis de segmentação. Apenas quando as segundas conseguem explicar a variação das primeiras estamos em presença de segmentação.

Podem ser usadas como variáveis de segmentação, ou variáveis explicativas, muitos indicadores sociais, comportamentais ou psicológicos. Vejamos algumas das variáveis mais utilizadas no marketing dos serviços financeiros:

- Variáveis de base demográfica:
  - Etária
  - Género
  - Étnica
  - Ciclo de Vida

    - Rendimento
    - Património
- Variáveis de base geográfica
- Variáveis de base Comportamental
    - Uso do Produto
    - Frequência de utilização
    - Lealdade a marcas
    - Ocasiões
- Variáveis de base psicográfica
    - Atitudes
    - Valores
    - Estilos de Vida
    - Motivação de compra
    - Personalidade
- Variáveis de base do contributo para os resultados

Se as diferentes necessidades dos consumidores podem ser explicadas com base em variáveis demográficas estamos em presença de uma segmentação demográfica. O tipo de segmentação reflete pois o tipo de variável explicativa melhor adaptada ao mercado em causa.

A segmentação demográfica é a mais usada nos mercados de serviços financeiros. Este tipo de segmentação tem muitas variantes, a segmentação *etária*, a segmentação de *género*, a segmentação *étnica*, a segmentação com base no *ciclo de vida*, a segmentação com base no *rendimento*, a segmentação com base no *património*.

A segmentação *etária* usa o critério da idade, procurando encontrar diferenças de utilização de serviços bancários com base na idade. Naturalmente um jovem casal é mais propenso a procurar um crédito à habitação do que um casal de reformados.

A segmentação por *género* divide os clientes em homens e mulheres. Á algumas décadas atras quando as mulheres não tinham independência financeira, constituíam um amplo segmento basicamente não servido de forma direta, estando relegadas para a função de "segundo titular" das contas encabeçadas pelos maridos. Hoje vemos florescer várias ofertas dirigidas às mulheres, desde cartões de crédito, a bancos exclusivamente dedicados a mulheres e que não aceitam homens como clientes.

O *ciclo de vida* é uma versão mais sofisticada que junta a segmentação etária com a segmentação baseada no estado civil e na situação face ao trabalho. Aqui podemos encontrar segmentos como "Jovem adulto desempregado, solteiro e sem filhos" ou "Casal maduro, ambos empregados, com filhos dependentes".

A segmentação *étnica* baseia-se nas diferenças culturais dos diferentes grupos nacionais. Em Portugal a oferta de produtos de pagamento internacionais, como os oferecidos pela Western Union, que permitem a transferência rápida e segura de dinheiro entre pessoas situadas em países diferentes é essencialmente dirigida a vários grupos de imigrantes.

O *rendimento e/ou o património* são as bases principais para a segmentação estratégica na industria de serviços bancários em Portugal. O mercado é em geral segmentado, por todos os principais bancos, em três grandes grupos. Para os mais ricos a maioria dos bancos oferece serviços de *Private banking*. Para o segmento *afluente* ou desafogado existem também ofertas separadas, geralmente fortemente personalizadas. Por último para os segmentos médio e médio baixo, a oferta destinada ao mercado de massa ou de Retalho. Há ainda um grupo de pessoas que pelos seus muito baixos rendimentos não estão bancarizadas.

FIGURA 4.3.

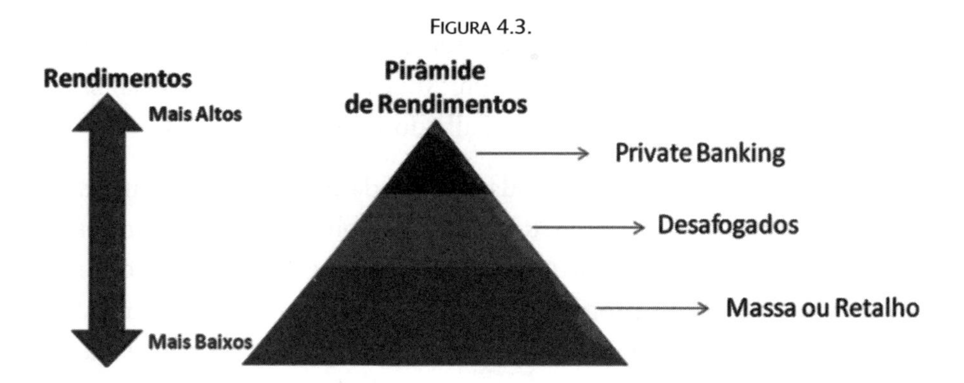

Esta segmentação é possível em Portugal porque se em termos de número de clientes a pirâmide de rendimentos nos mostra que existem poucos milhares no segmento mais alto, umas centenas de milhar no segmento dos desafogados e vários milhões no segmento de Retalho, em termos de rendimento e de património a pirâmide assume uma forma invertida.

FIGURA 4.4.

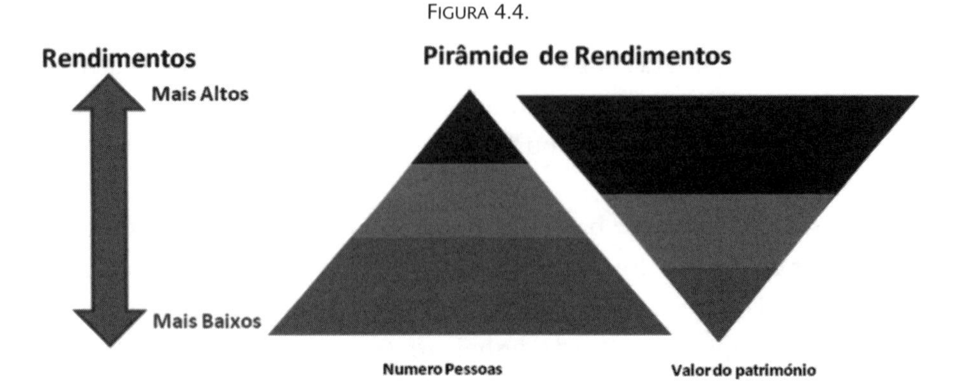

Outra forma de segmentação muito utilizada em todo o mundo é a que é feita com base em classes que conjugam a ocupação e o rendimento, numa escala de A a E em que:

- **Classe A** – classe média alta – gestores de topo e profissionais liberais mais bem-sucedidos. Exibe o rendimento mais lato em termos de classes.
- **Classe B** – classe média – gestores e responsáveis intermédios, técnicos e profissionais liberais.
- **Classe C1** – classe média baixa – pessoal administrativo, técnico e de serviços e pelos gestores mais juniores.
- **Classe C** – Classe operária especializada.
- **Classe D** – Classe operária semiespecializada e não especializada.
- **Classe E** – Pensionistas e trabalhadores desqualificados.

Esta segmentação, padronizada e utilizada por todas as agências de publicidade e de meios, é muito utilizada na escolha de alvos em termos de publicidade. Uma campanha que se dirija à classe C1 e C pode centrar-se na televisão junto dos programas de maior audiência, mas se dirigida à classe A esses meios seriam desajustados e a imprensa especializada e o contato direto seriam sem dúvida meios mais adequados.

A segmentação geográfica procura encontrar diferenças regionais relevantes. Nos serviços bancários em Portugal é essencialmente utilizada, como complemento à segmentação demográfica, para o desenho e configuração no terreno das redes de distribuição físicas, de sucursais ou de agências.

Ainda em Portugal é tradicional a abordagem especializada de clientes emigrantes, portugueses residentes fora do país, grupo que se concentra temporal e regionalmente. Os meses de Verão e o interior do país são a época e o lugar certos para contatar pessoalmente estes clientes.

A segmentação comportamental procura encontrar diferenças de comportamento ente os consumidores de um produto ou serviço. Este comportamento pode manifestar-se ao nível da utilização do produto, da frequência de uso ou ao nível do processo de decisão de compra.

Um cartão de crédito pode ser usado como uma forma de pagamento quotidiana ou apenas como forma ocasional de pagamento de bens que se querem comprar a prestações. Alguns Clientes quando procuram um crédito à habitação procuram conselho junto de imobiliárias, outros junto dos seus contabilistas. Quando pretendem fazer um Depósito a Prazo alguns clientes dão maior importância à taxa de juro e outros à possibilidade de levantamento antecipado do dinheiro (liquidez do Depósito).

Ainda ao nível da utilização de produtos o comportamento dos Clientes pode ainda ser diferente devido à **ocasião**. Normalmente o comportamento dos consumidores no Natal é diferente do comportamento desses mesmos consumidores durante as férias de Verão. Um produto para férias (compra e venda de moeda estrangeira por exemplo) pode não ser adequado para o período da entrada escolar.

A **experiência com o produto** também produz comportamentos diferenciados. O consumidor que pede pela primeira vez um crédito ao consumo tem, em geral, um comportamento mais aberto do que um utilizador frequente desse produto.

A **sensibilidade ao preço** é também um fator comportamental. Há clientes extremamente sensíveis ao preço que por pequenas variações mudam de fornecedor e outros que valorizam mais outros atributos do serviço como a qualidade, a conveniência ou a simpatia.

O **processo de decisão** de um cliente leal é muito diferente do de um cliente vagabundo (que anda a saltar sempre de fornecedor em fornecedor), sendo que o primeiro, conhecendo muito bem o produto, exige menos informação do que os outros clientes.

Ao nível das Empresas é importante ter atenção as diferenças comportamentais em termos de quem decide e com que critérios. A escolha de uma relação bancária é feita numas empresas pelo Diretor Financeiro e noutras pelo Diretor Geral.

A segmentação comportamental é mais usada ao nível tático, para desenhar campanhas de vendas, ou abordagens comerciais específicas do que ao nível estratégico.

A segmentação psicográfica quer ir mais fundo e perceber as motivações e preferências dos consumidores e explicar as suas diferentes atitudes. Os diferentes estilos de vida urgem como forma de capturar as diferentes motivações e atitudes. Um intelectual tem preferências, motivações e comportamentos claramente diferenciadas das de um desportista mesmo na aquisição de produtos financeiros.

Em Portugal o Banco 7 foi a primeira entidade a oferecer um serviço completo bancário dirigido exclusivamente a clientes com um estilo de vida moderno e utilizador de novas tecnologias de comunicação.

Outra forma de capturar as diferenças de motivação é através do estudo dos benefícios procurados.

A segmentação com base na personalidade procura categorizar os consumidores de acordo com os seus **traços de personalidade**. Muito popular é a classificação de personalidades Eneagrama, desenvolvida por Claudio Naranjo, que agrupa as pessoas em nove conjuntos:

1. **Perfecionista** – consciencioso, ordeiro, grande sentido do certo e do errado, medo de fazer asneiras, procura sempre encontrar os erros
2. **Apoiante** – empático, sincero, generoso, altruísta
3. **Empreendedor** – ambicioso, seguro de si, enérgico, auto motivado
4. **Individualista romântico** – sensível, reservado, introvertido
5. **Investigador** – alerta, curioso, independente, inovador, capaz de se concentrar e desenvolver ideias complexas
6. **Leal** – estável, muito trabalhador
7. **Entusiasta** – extrovertidos, otimistas
8. **Desafiador** – direto, forte, agressivo, autoconfiante, protetor
9. **Mediador** – discreto, estável, otimistas, quer que tudo corra bem, confia nos outros

A segmentação Eneagrama pode ser muito útil ao nível da comunicação, nomeadamente ao nível de segmentos que tenham uma predominância de um tipo específico de personalidade – por exemplo o segmento dos pequenos empresários tende a ter uma predominância dos tipos Empreendedor, Perfecionista e Investigador.

A segmentação com Base no Contributo para os resultados assenta na constatação que a regra de Pareto que nos diz que 80% dos resultados provêm de apenas 20% dos clientes.

Este tipo de segmentação procura, para cada cliente, analisar o custo incorrido no serviço ao cliente e compará-lo com as receitas obtidas desse serviço. O resultado é tipicamente configurado por uma matriz do tipo da que deixamos na Figura H. Distribuindo-se os clientes pelas células da matriz.

FIGURA 4.5.

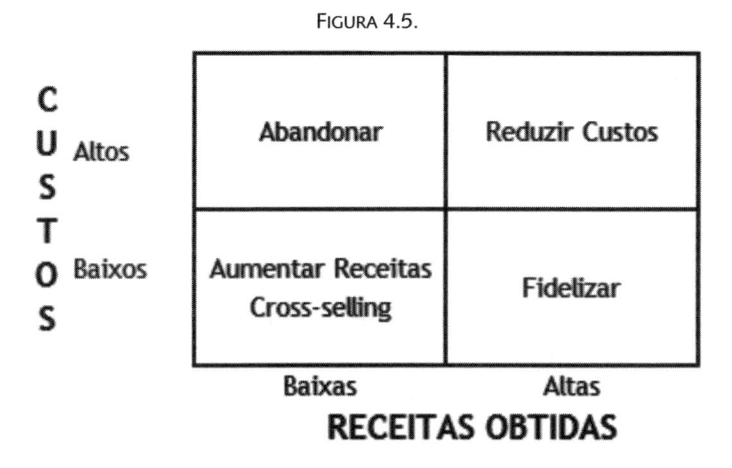

SEGMENTAÇÃO OU DIFERENCIAÇÃO DE PRODUTO?

Para fazer face a problemas de liquidez o Banco A lançou recentemente no mercado, com forte campanha de promoção, um depósito a prazo com uma taxa de juro elevada e com que pagamento dos juros no inicio do depósito. Em contrapartida o Cliente não pode levantar o seu dinheiro durante o prazo do Depósito, o que permitia ao Banco A minimizar os seus problemas de liquidez. Os resultados foram bastante interessantes, uma vez que um número significativo de Clientes aderiu ao novo produto e o Banco A decidiu mesmo incorporar esse produto na sua oferta regular para o segmento de Retalho.

O Banco B depois de um aturado estudo de mercado, que envolveu várias entrevistas em profundidade com líderes de opinião do mercado de pequenas e médias empresas, detetou a necessidade, sentida por empresas com mais de 20 trabalhadores, de pagar de uma forma fiscal e operativamente otimizada o subsídio de almoço dos seus trabalhadores O Banco desenvolveu então um cartão pré pago, muito fácil de carregar pela empresa, e que permite ao seu titular, o trabalhador, efetuar transações num grupo específico de comerciantes (basicamente restauração e comercio alimentar).

Temos duas estratégias diferentes a primeira de diferenciação de produto a segunda de segmentação. A primeira arriscada partindo do produto esperando que tenha mercado, a segunda partindo das necessidades de um segmento de mercado para o desenho, produção e comercialização de produto dirigido a satisfazer a necessidade detetada.

Bases de segmentação em Clientes Empresas e Institucionais

No caso das empresas a segmentação as variáveis mais utilizadas são:

- Segmentação por **volume de faturação** – o volume de faturação pode levar a diferentes tipos de necessidades financeiras. O grau de sofisticação de uma grande empresa que faz emissões obrigacionistas ou de capital na bolsa de valores é substancialmente diferente de um pequeno comércio de bairro.
- Segmentação por **número de trabalhadores** – claramente que o número de trabalhadores tem forte influência no tipo de necessidades financeiras das empresas e institucionais. Uma empresa com grande número de pessoas ao serviço beneficia da oferta de um seguro de saúde pra os seus trabalhadores e respetivas famílias enquanto uma pequena empresa mais depressa pondera um seguro de Homem chave de Negócio que a proteja da saída do seu melhor técnico.
- Segmentação pelo **setor de atividade** – os ciclos financeiros são substancialmente diferentes em diferentes setores e atividade. A grande distribuição é geradora de fundos que devem ser rentabilizados enquanto as pequenas empresas têxteis necessitam de apoio de tesouraria para levar o seu ciclo produtivo a bom termo.
- Segmentação com base no **tipo de cliente** – separa-se aqui as empresas que vendem diretamente ao consumidor final (B2C – *Business to Consumer*) das empresas que vendem bens intermédios ou finais a outras empresas (B2B – *Business to Business*). Este tipo de segmentação também separa as empresas exportadoras das não exportadoras.

- Segmentação com base no **grau de risco** – agrupa empresas com grau de risco semelhante. Tem grande utilidade em campanhas de colocação de crédito.

Note-se contudo que a procura de serviços financeiros por parte das empresas é muito influenciado pela conjuntura económica e que muitas das suas necessidades financeiras tendem a requer uma aproximação muito mais "fato à medida" do que pronto-a-vestir.

Segmentação Estratégica e Tática

A segmentação é estratégica quando estabelece as bases para o desenvolvimento e posicionamento da oferta de valor para cada grupo de clientes. A segmentação estratégica assenta em variáveis estruturais e tende a manter-se por períodos longos.

A segmentação diz-se tática quando tem como objetivo identificar alvos para campanhas e/ou ações de venda concretas. Mais dinâmica e em redefinição permanente.

Principais ingredientes da Segmentação

Não é possível segmentar um mercado no vazio e na ausência de informação detalhada. Os principais ingredientes da segmentação são a **informação** e as **capacidades**.

As capacidades são dadas pelas possibilidades da empresa em termos dos recursos (humanos, financeiros e tecnológicos) que possui e dos modelos de negócio possíveis. Não adianta segmentar o mercado em grupos para os quais a empresa não tem possibilidade de desenvolver uma oferta de valor simultaneamente competitiva e rentável.

Ao nível da informação a segmentação nos serviços financeiros usa essencialmente cinco tipos de informação: i) demográfica, ii) geográfica, iii) comportamental e iv) de psicográfica v) contributo para os resultados.

Esta informação é depois tratada recorrendo a técnicas estatísticas que permitam quantificar o mercado em termos de clientes, caracterizar em termos demográficos, geográficos e psicográficos os clientes e quantificar os seus padrões de consumo de serviços financeiros. Nunca perdendo de vista que o objetivo da segmentação não é separar os clientes em grupos artificiais mas em grupos homogéneos com necessidades financeiras semelhantes.

Entre as técnicas mais simples encontra-se a distribuição estatística, segmentando o mercado em grupos de rendimento (por exemplo: "baixo", "médio" e "alto") ou em zonas geográficas (por exemplo "urbanas" e "rurais"), comportamentais (por exemplo em termos de adesão a novas tecnologias: "não usa a internet", "usa a internet de forma limitada", "grande utilizador da internet"), ou de uso de serviços financeiros (por exemplo para pequenas empresas: "essencialmente depósitos", "essencialmente crédito").

Estes dados podem ser obtidos de fontes secundárias – estatísticas já existentes compiladas e fornecidas pelo Instituto Nacional de Estatística (INE), estudos sociológicos publicados ou dados e pesquisas publicadas por outras entidades ou mesmo recolhidas e tratadas pela própria empresa nos registos transacionais com os seus clientes – ou de fontes primárias – através do inquérito direto ao mercado.

A segmentação estratégica tenderá a usar muitas fontes secundárias mas também fontes primárias, enquanto a segmentação tática tende a centrar-se quase exclusivamente em informação sobre o histórico transacional dos clientes.

A matemática da Segmentação

A segmentação é feita com recurso a diversas ferramentas estatísticas e matemáticas.

Uma das técnicas mais utilizadas é a análise de cachos, análise de agrupamentos ou análise de *clusters* (*cluster analysis*). Esta análise recorre a um conjunto diversificado de algoritmos que visam agrupar os elementos de um dado universo em diversos cachos/conjuntos com base na sua proximidade em termos de uma ou mais variáveis. Assim este método exploratório permite agrupar os elementos de tal forma que cada um deles seja mais semelhante aos outros elementos do grupo a que foi alocado do que aos elementos de outro grupo.

Pestana e Gageiro (2000) definiram-na assim: "A análise de *clusters* é um procedimento multivariado para detetar grupos homogéneos nos dados, podendo os grupos ser constituídos por variáveis ou casos".

Entre os algoritmos mais comuns encontram-se os hierárquicos e os de otimização.

Atualmente estes algoritmos estão facilmente acessíveis em pacotes de programas informáticos que correm em qualquer computador pessoal e alguns inclusivamente em folhas de cálculo.

Como técnica exploratória que é, a análise dos clusters acaba por ser muito flexível na integração da realidade do mercado com a visão da empresa no desenho dos segmentos. Essa é a sua grande força e virtude.

Outras técnicas muito utilizadas são:

- Árvores de decisão
- Análise fatorial e de componentes principais
- Análise de Correspondências
- Posicionamento multidimensional (MDS)
- Redes neuronais

Estas técnicas são usadas quer na segmentação estratégica quer na segmentação tática. Na primeira como instrumento auxiliar na segunda como peça central na deteção de clientes potenciais de um dado produto ou serviço específico.

Características de uma Boa Segmentação

Uma boa segmentação apresenta, segundo Wedel e Kamakura (2000) três características:

1. Homogeneidade
2. Identificabilidade
3. Interpretabilidade

A **homogeneidade** refere-se à semelhança dos elementos de um segmento entre si em termos de necessidades para que possam todos ser servidos com uma oferta comum. Não existindo homogeneidade o segmento é inútil em termos de desenho de uma oferta de valor e por conseguinte sem valor para a estratégia da empresa de serviços financeiros. Todos os segmentos devem ser homogéneos.

A **identificabilidade** refere-se à diferença entre os segmentos que deve ser nítida e bem percetível. Se vários segmentos têm necessidades financeiras iguais então não estamos verdadeiramente em presença de segmentos diferentes mas de um mesmo segmento.

A **interpretabilidade** refere-se à possibilidade de atuar sobre os segmentos escolhidos em termos de desenho e implementação de ofertas de valor diferentes, ajustadas e dirigidas a cada um deles. Se não for possível operacionalizar essas ofertas de valor então a segmentação é inútil já que a instituição financeira não consegue atuar sobre ela.

Estas características podem ser usadas como sólidos critérios de aferição da qualidade de qualquer segmentação.

Estas três características não são fáceis de reunir na medida em que se as duas primeiras são essencialmente matemáticas a terceira é essencialmente de índole económica e corresponde à restrição prática das capacidades técnicas e financeiras da empresa. No entanto sem a sua conjugação a segmentação não poderá resultar.

Vantagens da Segmentação

As vantagens da segmentação são múltiplas e diferentes para os vários atores em presença.

Para os Clientes da indústria dos serviços financeiros a principal vantagem da segmentação é o acesso a uma oferta adaptada às suas necessidades concretas. Sem a segmentação essa oferta não existiria e o Cliente seria servido de uma forma indiferenciada.

Para as empresas de serviços financeiros a segmentação são múltiplas. Salientámos três:

- **Aumento de Eficiência** – porque permite enfocar a oferta no grupo de clientes que dela verdadeiramente necessita o que permite reduzir custo de distribuição e promoção;
- **Discriminação de Preços** – permite ajustar os preços ao valor atribuído por cada segmento ao diferente serviço prestado;

- **Vantagem competitiva** – permite desenvolver ofertas mais adaptadas aos segmentos servidos o que se traduz numa vantagem competitiva face aos concorrentes que o não façam.

Perigos da Segmentação

O maior perigo do exercício de segmentação está na desmesura, na segmentação excessiva.

Com a enorme quantidade de informação disponível sobre os consumidores é possível desenhar uma segmentação fina identificando e caracterizando grupos de consumidores de cada vez de menor dimensão com pequenas variações nas suas necessidades financeiras. É preciso saber parar sob pena de incorrer em custos excessivos na preparação e distribuição de múltiplas ofertas.

Como tudo na vida a arte e elegância da segmentação está na simplicidade. Na descoberta do pequeno grupo de variáveis que verdadeiramente explicam as grandes diferenças nas necessidades dos consumidores.

Outro grande perigo é o de confundir a possibilidade de agrupar o mercado em grupos homogéneos em termos demográficos, geográfica ou comportamentais com a segmentação. Se a esses grupos não corresponderem necessidades financeiras distintas o exercício que efetuámos foi inútil e perigoso porque pode levar a empresa a incorrer em custos totalmente injustificados na preparação de ofertas distintas sem reais destinatários.

Este perigo também se manifesta na inversão das variáveis. Vejamos um exemplo concreto. Um Banco ao analisar o seu mercado concluiu que a grande maioria dos titulares dos depósitos a prazo tinha uma idade superior a 45 anos. Assim segmentou os clientes em dois grupos (os Jovens com menos de 45 anos e os Maduros com mais de 45 anos) e preparou uma nova oferta dirigida às pessoas com mais de 45 anos.

Confundiu o sentido das variáveis. O que tinha pela frente dizia-lhe que a posse de um Depósito a Prazo sugeria que o titular seria pessoa com mais de 45 anos, mas não lhe sugeria que ter mais de 45 anos implicasse posse de Depósito a Prazo. E era esta relação a que verdadeiramente interessava.

Como rapidamente verificou com amargura existem, num país como Portugal de baixos salários e baixas pensões, muito mais pessoas de idade superior a 45 anos que não têm Depósitos a Prazo do que aquelas que os possuem.

Na verdade a variável que melhor explica a detenção ou não desse produto é o rendimento. A grande maioria das pessoas dos escalões mais altos de rendimentos tem depósitos a prazo e essa percentagem vai-se reduzindo à medida que descemos nos escalões de rendimentos. Uma segmentação com base na idade seria desastrosa, implicaria um esforço de comunicação com um grupo muito vasto de potenciais clientes, todas as pessoas com mais de 45 anos, a maior partes dos quais sem necessidade do produto. Por outro lado uma segmentação com base no rendimento permitiria enfocar num pequeno grupo de potenciais clientes mas todos realmente com necessidade do produto.

Escolha do Segmento Alvo

A escolha do segmento ou dos segmentos (*targeting*) que a empresa quer servir é o passo seguinte do processo de definição estratégica.

Critérios de escolha de segmentos

Para escolher o(s) segmento(s) que deseja servir a empresa de serviços financeiros deve levar em conta os seguintes critérios:

- Dimensão
- Crescimento
- Dispersão geográfica
- Identificabilidade
- Sensibilidade à oferta
- Rentabilidade
- Risco
- Concorrência instalada

A dimensão é relevante na medida em que apenas devem ser escolhidos segmentos suficientemente grandes para poderem ser servidos de forma rentável.

O crescimento é essencial. Um segmento que continuamente se reduz, em que a sua dimensão tem vindo sistematicamente a diminuir não é atrativo para um investimento de longo prazo.

A dispersão geográfica é um critério que com as novas tecnologias tem vindo a perder importância, mas que não deve ainda ser descorado. Um segmento excessivamente disperso pode impedir a empresa de serviços financeiros de o alcançar de forma economicamente viável.

Identificabilidade. Para que a empresa possa chegar aos seus potenciais clientes deve poder identificá-los, sem o que não conseguirá atuar no mercado.

A sensibilidade à oferta refere-se à capacidade do segmento de responder a ofertas desenhadas especificamente para as suas necessidades. Alguns ainda se lembrarão do tempo em que os funcionários públicos mesmo querendo obter uma conta-ordenado que se ajustava perfeitamente ao seu perfil, o não podiam fazer porque o Estado lhes pagava o salário através de instituição estatal que não dispunha desse produto. A necessidade estava lá mas o segmento não podia responder à oferta melhor adaptada.

Rentabilidade. Deve ser possível à empresa servir de forma rentável os segmentos que elege. Existem largos segmentos inexplorados, nomeadamente ao nível dos segmentos de baixos rendimentos, porque não é possível servi-los de forma a obter uma taxa de lucro em linha com a média do setor. As economias de escala, de âmbito e o desenvolvimento tecnológico têm vindo a alargar o mercado, sendo mesmo uma das grandes tendências da segunda década do século XXI nos países em desenvolvimento servir os não bancarizados.

O risco de cada segmento deve ser aferido principalmente em Clientes Empresas e Institucionais. Quanto menor o Risco mais atrativo será um segmento.

Concorrência instalada. A presença dum conjunto alargado de empresas instaladas, eficientes e com larga experiência no negócio pode tornar um segmento, que de outro modo seria muito atrativo, desaconselhável.

Competências da empresa

A avaliação da atratividade relativa dos segmentos deve ser sempre feita à luz da capacidade da empresa de o servir com eficiência e rentabilidade.

Esta capacidade da empresa depende por seu turno das suas competências em termos de recursos humanos, tecnológicos e financeiros. Conhecer as suas próprias forças e fraquezas é essencial para poder escolher corretamente os segmentos a servir.

A aplicação dos critérios de escolha de segmentos deve ser feita levando em conta as capacidades da empresa. Por exemplo se uma empresa de serviços financeiros não tem uma excelente capacidade de avaliação de risco deve evitar escolher segmentos de rendimentos baixos e médios com ofertas de crédito. Estes segmentos em que as taxas exigidas, face a um risco superior, são muito elevadas podem proporcionar altas rentabilidades a especialistas mas podem ser desastrosos para empresas de serviços financeiros sem as necessárias competências.

Estratégia de escolha do Segmento Alvo

Existem três estratégias básicas de resposta à segmentação identificada no mercado:

- Estratégia Indiferenciada
- Estratégia de Nicho
- Estratégia Multissegmento

A estratégia Indiferenciada consiste em servir todos os segmentos com a mesma proposta de valor. Esta estratégia é adequada quando as diferenças entre os segmentos identificados no mercado são relativamente pequenas ou quando a quota de mercado da empresa é muito confortável.

Esta estratégia pode ser implementada nas seguintes versões:

- **Especialização de produto** – disponibilizando apenas um produto ou uma família de produtos indiferenciadamente a todos os segmentos. É o caso das empresas de pagamentos que se concentram num único produto mas que o oferecem de forma indiferenciada a todos os segmentos.
- **Indiferenciação completa** – disponibilizando uma oferta completa a todos os segmentos de mercado.

A estratégia de nicho consiste em servir apenas um segmento, muito bem definido. Esta estratégia funciona bem sempre que as diferenças entre segmentos sejam muito pronunciadas e a empresa consiga desenvolver uma proposta de valor bem adaptada ao segmento eleito.

A estratégia de nicho pode subdividir-se em duas opções:

- **Especialização de Segmento** – disponibilizando uma oferta completa para as necessidades financeiras do segmento. Em Portugal temos o ActivoBank que se dirige a um segmento muito específico mas tendo uma grande variedade de produtos (poupanças, meios de pagamento, crédito, etc.) adaptados às necessidades desse segmento.
- **Concentração de produto** – disponibilizando apenas um produto ou uma família de produtos ao segmento escolhido. É o caso das várias corretoras existentes que se dirigem a um pequeno nicho de mercado com uma oferta muito dirigida.

A estratégia multissegmento consiste em servir dois ou mais segmentos de um mercado mas desenvolvendo uma oferta diferenciada para cada um deles. Note-se a empresa pode inclusive decidir servir todos os segmentos do mercado, desde que com propostas de valor diferentes.

As alternativas existentes para aplicação desta estratégia são:

- **Concentração de produto múltipla** – disponibilizando um produto ou uma família de produtos diferente a cada segmento escolhido. Algumas empresas financeiras ligadas exclusivamente ao crédito automóvel transformaram-se em bancos especializados passando também a recolher depósitos junto de outro segmento. Passaram a servir dois segmentos cada um com um produto especializado. Na prática atuam em dois nichos independentes.
- **Especialização de mercado múltipla** – disponibilizando várias ofertas completas e independentes a vários segmentos de mercado.

A maioria dos bancos portugueses adota atualmente uma estratégia multissegmento na variante de especialização de mercado múltipla, servindo vários segmentos cada um deles com uma oferta completa diferente.

Posicionamento

Depois de segmentar o mercado e de ter escolhido os segmentos que desejamos servir é necessário desenvolver uma oferta adequada às necessidades dos potenciais clientes.

As necessidades dos potenciais clientes manifestam-se através de preferências por alguns atributos da oferta em detrimento de outros. Por exemplo uns Clientes preferem um tratamento personalizado e outros preferem usar a internet para efetuar as suas operações; uns Clientes preferem uma taxa mais alta sem possibilidade de levantamento antecipado e outros valorizam a liquidez estando dispostos a pagar por ela em termos de menor taxa de juro na sua aplicação financeira.

Esses atributos podem no caso dos serviços financeiros ser fortes ou fracos. Entre os atributos fortes estão as características dos produtos, o preço, o tipo de distribuição. Entre os atributos fracos temos a reputação, a qualidade de serviço e o prestígio.

A empresa de serviços financeiros tem então de escolher a combinação de atributos fortes e fracos que lhe garanta um lugar distinto no segmento. E, obviamente comunicar essas características para que na cabeça do consumidor não haja dúvidas sobre o que a empresa está a oferecer.

Kotler definiu posicionamento como " Posicionamento é o desenho da oferta e da imagem de uma empresa por forma a ocupar um lugar significativo e distinto na mente do consumidor" (Kotler *et al.*, 1999).

Os dois elementos do posicionamento de empresas financeiras são:

i) a escolha de atributos e,
ii) a comunicação.

O objetivo do exercício de posicionamento é diferenciar claramente a oferta da dos concorrentes.

Escolha de atributos

Nos serviços financeiros existem vários atributos que permitem posicionar uma oferta. Entre os atributos mais comuns temos:

- **Rapidez** – Em muitos produtos financeiros a rapidez de execução é determinante. Demorar demais a executar uma ordem de bolsa pode significar para o Cliente a perca de uma boa oportunidade de negócio.
- **Consistência** – Saber com que níveis de serviço contar permite aos Clientes planear. Um banco que exija documentos sempre diferentes em cada operação de desconto de letras, não permite ao comerciante organizar-se e o mais certo é que essa inconsistência o leve a mudar de banco.
- **Simplicidade de procedimentos** – Numa sociedade em que o tempo é um bem escasso a simplicidade de procedimentos torna-se essencial para muitos consumidores.
- **Profissionalismo dos empregados** – A competência profissional é determinante em serviços complexos, como são a generalidade dos serviços financeiros.
- **Simpatia dos empregados** – A simpatia comercial inclui três aspetos fundamentais: i) a atenção que é dada ao Cliente, ouvindo o que tem para dizer, fazendo perguntas e abstendo-se de outras atividades em simultâneo; ii) a compreensão das necessidades do Cliente, explicitando-as e verbalizando-as e iii) a apresentação de soluções para as necessidades detetadas. O comportamento verbal e corporal ajudam a criar a atmosfera certa para que a simpatia se transmita.
- **Imagem** – A imagem é essencial para estabelecer e consolidar o posicionamento de uma oferta. O posicionamento só existe se estiver bem claro na mente do consumidor. É indispensável que a imagem seja consistente com a substancia. Se a imagem projetada não corresponder ao oferecido cria-se no mercado uma dissonância cognitiva que acaba por se resolver através da destruição da imagem da que a empresa pretendia criar e pela emergência de outra imagem muito negativa mas consentânea com a experiência do consumidor.
- **Preço** – O preço é um componente essencial de uma oferta de serviços financeiros. Os principais preços dos serviços financeiros, como veremos em detalhe no próximo capítulo, surgem na forma de prémios de seguros, taxas de juro passivas e ativas e comissões.

- **Distribuição** – O principal critério dos consumidores portugueses dos segmentos médio e baixo na escolha de um banco é o da proximidade. Proximidade em relação ao local de habitação e proximidade em relação ao mercado de trabalho. Só de entre os bancos que se encontram próximos é que outras características são levadas em conta para a abertura de conta. Os bancos com redes de distribuição assentes em canais diretos (internet, telefone) são pequenos e os que têm rede de distribuição física diminutas também não têm quota de mercado significativa. Quando a NovaRede iniciou a sua atividade, foram abertas mais de 20 sucursais no primeiro dia. Estas sucursais apresentavam todas o mesmo desenho, as mesmas cores, a mesma iluminação e localizavam-se em ruas de forte movimento. Com esta conjunção evidenciou-se o facto de a NovaRede estar em todo o lado, de estar perto dos seus potenciais Clientes.
- **Flexibilidade** – As empresas de média e grande dimensão tendem a, por força do seu modelo de negócio particular, a ter necessidades financeiras específicas que não podem ser satisfeitas através de produtos ou serviços padronizados. A flexibilidade e o ajuste dos produtos, em termos de prazos, coberturas, taxas, tornam-se por isso um elemento de posicionamento muito relevante nestes segmentos.
- **Personalização** – A personalização é um dos elementos mais usuais de posicionamento de ofertas de valor de serviços financeiros.

A Cetelem em Portugal posicionou-se como uma empresa de crédito pessoal que decide com muita rapidez e simplicidade mas que cobra taxas altas. Muitas pessoas que valorizam a rapidez e a simplicidade (nada de muita "papelada") estão dispostas a pagar uma taxa de juro mais alta por essa comodidade.

A NovaRede ficou conhecida pelo lançamento das Contas Ordenados que associam a uma conta à Ordem um descoberto autorizado no montante do ordenado do cliente e um conjunto de produtos e serviços adicionais (Cartão de Débito, Cartão de Crédito, cheques, entre outros).

Na verdade não foi a NovaRede a lançar este produto em primeiro lugar, outro banco já o tinha feito antes. No entanto como não o promoveu convenientemente quem, mercê de uma inteligente campanha publicitária e de um esforço de venda intenso, ocupou esta posição na mente do consumidor português foi a NovaRede.

Mapas percetuais

Mapas percetuais são representações gráficas do posicionamento das empresas concorrentes de acordo com os atributos a que os clientes dão maior importância.

Em Portugal em meados dos anos 80 do século XX os consumidores do segmento de rendimentos elevados valorizavam acima de tudo dois atributos: o tipo de tratamento e o preço. Nesse momento o mapa percetual do segmento era constituído por um conjunto de bancos nacionalizados que oferecia um serviço muito semelhante (ver Figura 4.6).

FIGURA 4.6. – Mapa perceptual

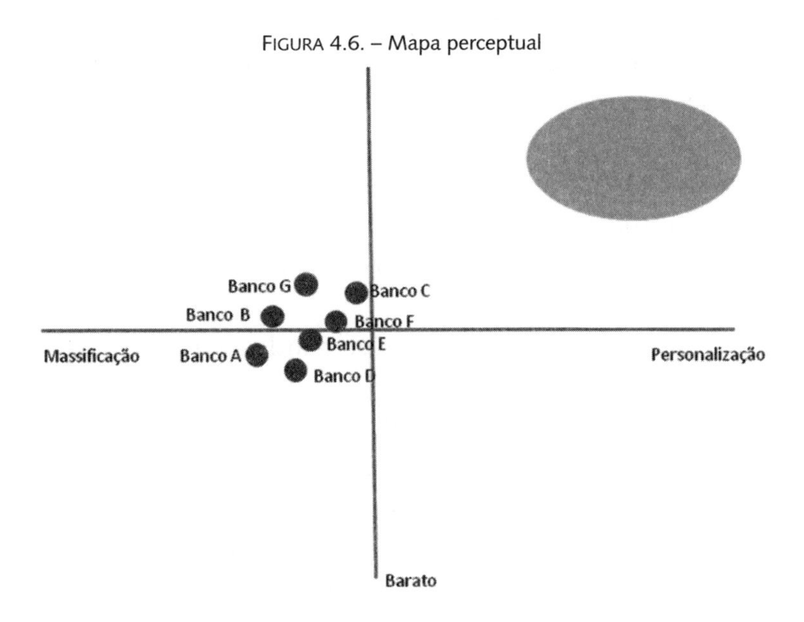

Ao analisar este mapa que cruza as duas dimensões de atributos valorizadas pelo segmento alto do mercado constata-se que duas áreas não estavam ocupadas: o quadrante da personalização-preço prémio e o da massificação a baixo custo. Foi exatamente no quadrante superior direito vazio que se veio posicionar em 1986 o recém-criado Banco Comercial

Português. Esta entidade conseguiu uma forte diferenciação face aos concorrentes e graças ao seu posicionamento único conquistou, em pouco tempo, uma posição cimeira neste segmento.

A aposta na personalização implicou por seu lado a formação de um conjunto de Gerentes de Conta que acompanhavam em exclusivo uma carteira de Clientes. O desenho das sucursais refletia também a personalização com os Clientes a serem recebidos em ambientes recatados em vez de o serem como era tradicional ao balcão.

Estratégias de posicionamento

As estratégias de posicionamento podem assentar em:

- Benefícios oferecidos aos Clientes e que derivam de aspetos do produto ou da distribuição.
- Relação qualidade-peço – tipo de posicionamento muito popular em produtos de grande consumo. Tem sido também utilizado nos serviços financeiros.
- Usos do serviço – Muito importante no posicionamento de produtos específicos. Um bom exemplo é o posicionamento de cartões de crédito como um crédito ao consumo – utilização para compras de bens de consumo duradoiro e pagamento fracionado ao longo de vários meses.
- Por utilizador-tipo – aliando-se a um utilizador concreto em quem os potencias clientes se revejam ou vejam como um modelo ou especialista que queiram emular e seguir. O BES utilizou a figura de Cristiano Ronaldo, um futebolista famoso, e o Millennium a de Mourinho o treinador português de sucesso internacional. No entanto nos dois casos como as entidades já tinham uma imagem bem definida tratava-se de, mais do que posicionar as marcas com recurso a uma personalidade, reforçar o posicionamento já existente.
- Classe de Produto – identificando-se ou afastando-se da sua classe de produto. Um exemplo de identificação é o da VISA que em Portugal é praticamente sinonimo de cartão de pagamento.

Reposicionamento

A natural evolução das necessidades financeiras de um mercado, de acordo com as conjunturas económicas, com o grau de desenvolvimento económico alcançado, com a alteração dos padrões morais e comportamentais da sociedade, pode levar a que o posicionamento de uma dada oferta, marca ou serviço deixe de estar ajustado ao mercado que serve.

Nessa circunstância é aconselhável alterar o posicionamento anterior e reposicionar a oferta.

O reposicionamento implica sempre a necessidade de apagar o posicionamento anterior e de edificar o novo posicionamento.

Se a empresa tem uma base de clientes significativa a fase de apagamento deve ser bem explicada e feita gradualmente de modo a não criar uma reação negativa dos clientes leais ao posicionamento que se quer alterar.

Algumas fusões bancárias no mercado português acabaram com a entidade resultante a perder mais de 25% dos volumes de negócio que resultariam da retenção do negócio das duas entidades.

BIBLIOGRAFIA

Goyat, Sulekha (2011), "The basis of market segmentation: a critical review of literature" in European Journal of Business and Management, Volume 3, Número 9, pp. 45-54.

Hafner, Harald (2012), Psychographic segmentation and its application in the hospitality industry, http://www.hotmama.at/Images/psychographic segmentation.pdf, acedido a 1 de Março de 2013.

Haider, Peter, Luca Chiarandini e Ulf Brefeld (2012), Discriminative Clustering for Market Segmentation, http://grupoweb.upf.edu/~luca.chiarandini/personal/v0/files/2012-kdd2012.pdf, acedido a 1 de Março de 2013.

Kotler, Philip, Gary Armstrong, John Saunders e Veronica Wong (1999), *Principles of Marketing*, Londres, Prentice Hall Europe.

Pestana, Maria H. e João N. Gageiro (2000), *Análise de Dados para Ciências Sociais: A complementaridade do SPSS*"; Edições Sílabo, Lisboa.

Smith, Wendel R. (1956), "Product Differentiation and Market Segmentation as alternative Marketing Strategies" in Journal of Marketing, Volume 21, Número 1, pp. 3-8.

Wedel, M. e W. A. Kamakura (2000), *Market Segmentation: Conceptual and Methodological Foundations,* Dordrecht: Kluwer

Yankelovich, Daniel e David Meer (2006), "Rediscovering Market Segmentation" in Harvard Business Review, Volume 84, Número 2, pp. 112-131

Harrison, T.S. (1994), "Mapping customer segments for personal financial services" in International Journal of Bank Marketing, Vol. 12 No. 8, pp. 17-25.

V

Construir uma oferta

Construir uma oferta passa por definir claramente os famosos quatro P, que Edmund Jerome McCarthy tão bem sintetizou no seu livro "Basic Marketing. A Managerial Approach" publicado pela primeira vez em 1960. Estes P são as iniciais de Produto, Preço, Promoção e Pontos de venda (distribuição)

Este conjunto é conhecido pelo *marketing mix* que vamos aqui traduzir por o combinado de marketing. Trata-se de facto de combinar estes quatro elementos base para produzir uma oferta atrativa para o Cliente.

O importante é que o combinado de marketing traduza fielmente a estratégia definida, se oriente para os segmentos escolhidos e permita obter o posicionamento pretendido.

A definição do combinado de marketing é a concretização no nível do marketing da estratégia delineada. E dizemos ao nível do marketing porque, naturalmente, existem outras vertentes, nomeadamente a operacional, a financeira, a dos recursos humanos, que são também relevantes para a implementação da estratégia.

Modelos alternativos

Mais recentemente têm surgido visões alternativas à de McCarthy no que respeita aos componentes base do combinado de marketing.

Robert F. Lauterborn propôs uma abordagem baseada nos **4 Cs** – consumidor, custo, comunicação e conveniência. Trata-se de uma adaptação do modelo de McCarthy, mas visto mais pela ótica do Cliente.

Outra alternativa foi avançada por Koichi Shimizu e também se baseia em 4, mas diferentes, Cs: Mercadoria (em inglês Commodity), Custo, Comunicação e Canal. Shimizu alargou o conceito dos 4Cs numa análise mais extensa a que chamou o Modelo da Bussola dos 7C.

Esta análise processa-se em círculos concêntricos no sentido de que a empresa está inserida, rodeada, num ambiente externo a que precisa de se adaptar. No centro do Modelo da Bússola está, então, a (C1) Corporação ou Empresa e os seus concorrentes. A Corporação contata com o exterior através dos 4Cs que gera (Mercadoria (commodity) (C2), custo (C3), comunicação (C4) e canal (C5)). Estes por seu turno estão em contacto direto com os consumidores (C6), que são o terceiro círculo. Estes por sua vez estão rodeados pelas circunstâncias (C7). Temos assim os 7 C (ver Figura 5.1.).

As Circunstâncias que envolvem o consumidor são de vária natureza, incluindo o ambiente sociocultural, a situação económica, a conjuntura nacional e internacional e o tempo atmosférico. Todas estas circunstâncias influenciam os hábitos e decisões do consumidor e, nessa perspetiva, devem ser estudadas e compreendidas pela empresa.

O Consumidor é separado em duas categorias: os clientes, aqueles que compram os produtos da empresa e os outros que não os comprando interagem, positiva ou negativamente, de outras formas com a empresa. Um exemplo deste segundo grupo são as pessoas afetadas pela poluição produzida pela empresa, O consumidor cliente é analisado segundo quatro eixos: Necessidades, Desejos, Segurança e Educação.

Combinado de marketing nos serviços

Nos serviços emergiu e consolidou-se um modelo de combinado de marketing, desenvolvido nos anos 80 do século XX por Booms and Bitner

FIGURA 5.1.

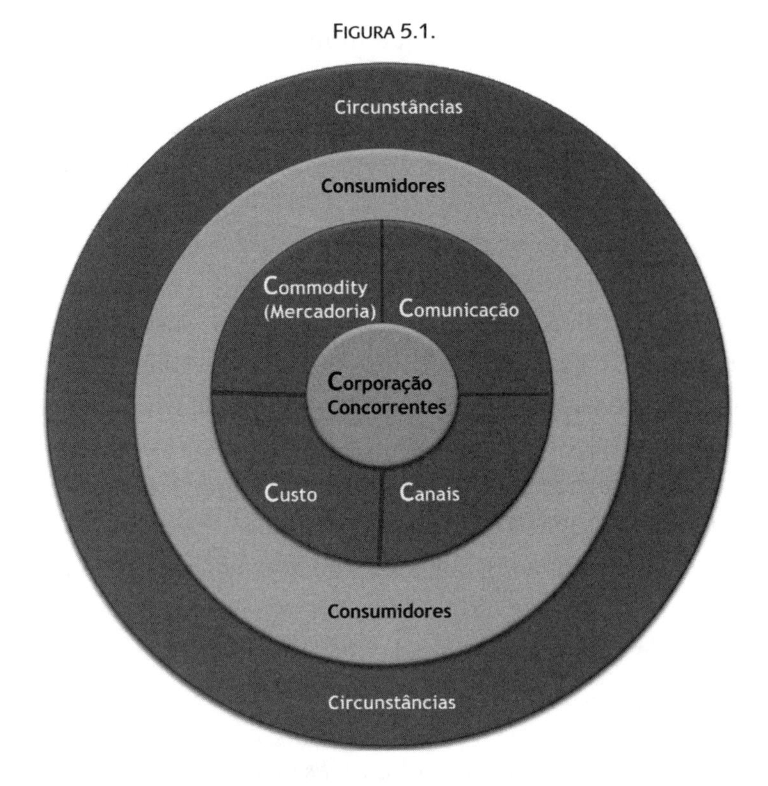

e baseado nos 7 Ps. Este modelo retém os 4Ps iniciais e acrescenta-lhe três novos: os Processos, as Pessoas e as Provas (*physical eveidence* em inglês).

As pessoas aqui referidas são, naturalmente, os colaboradores/empregados da empresa e em especial aqueles que estão em contato direto com os Clientes, aqueles que fornecem o serviço. Dá-se, neste modelo, particular atenção à formação e à motivação dos colaboradores.

Os processos são as atividades e aos passos seguidos para o fornecimento do serviço. Muitos destes processos têm impacto direto na experiência de compra do cliente, pois traduzem-se em tempos de espera, em documentos exigidos, em hiatos temporais e na qualidade do serviço prestado.

As provas são extremamente importantes nos serviços que, por definição são intangíveis e invisíveis. As provas ajudam o Cliente a visualizar o serviço, aumentando a sua confiança na compra. Uma caderneta de depósito ou um talão de levantamento constituem provas materiais e físicas que o Cliente pode guardar para se certificar do serviço prestado.

É este modelo – o dos 7 P – que iremos agora seguir nas próximas páginas.

OS PRODUTOS

O conceito de produto

Uma particularidade semântica da indústria de serviços financeiros é o facto de se referir à generalidade dos serviços prestados como produtos e só a um conjunto limitado desses serviços serem correntemente identificados como serviços.

Esta particularidade tem, contudo, amplo suporte ma teoria. Kotler refere textualmente que os serviços são produtos – "Serviços são produtos que consistem em atividades, benefícios ou satisfações que são vendidos." (Kotler *et al.*, 1999, página 561).

Três Níveis de análise

Os produtos podem ser analisados a três níveis diferentes: i) Classe de Produto, ii) Forma de Produto e iii) Produto Marca.

Assim se estivermos a falar de Depósitos a Prazo estamos certamente a referirmo-nos a uma Classe de Produto. Aqui temos um conjunto amplo, que pode assumir várias formas concretas, destinado a suprir uma necessidade genérica.

Se mencionarmos o Cartão Visa Gold estamos no nível de Produto Marca que, sendo constante no tempo como marca, vai evoluindo como oferta concreta – benefícios, preço, forma de distribuição, provas, processos, etc., ao longo do tempo. Neste caso o Produtos Forma varia mas o Produto Marca e a Classe de Produto (Cartões de Crédito) permanecem inalterados.

No nível da Forma de Produto olhamos o produto/serviço concreto nas suas características particulares. Assim poderemos ter no caso da Classe de Produto dos Depósito a Prazo, Formas de Produto como os Depósito a Prazo a 6 meses Renováveis e os Depósitos, Prazo a 3 meses Não Renováveis e outras.

Dimensões dos Serviços Financeiros

Ao desenhar um produto financeiro o profissional deve ter em conta as seguintes dimensões:

- Características básicas
- Embalagem
- Nível de serviço
- Nome e marca
- Agrupamento
- Garantias

Descurar estas dimensões significa lançar no mercado um serviço incompleto ou inacabado. Se olharmos para o mercado nacional podemos detetar facilmente a presença de muitos serviços financeiros em que algumas destas dimensões foram claramente negligenciadas.

As características básicas de um serviço são as que o definem. Um depósito à ordem deve permitir a simples movimentação do dinheiro do cliente, i.e. a entrega de fundos através de várias formas, entrega de numerário, depósito de cheques, receção de transferências e o saque, transferências para outras contas, saque de cheques, levantamento de numerário entre outras. Uma conta à ordem que não permita efetuar estas transações não cumpre as características base do serviço. Não se qualifica verdadeiramente como uma conta à ordem. Satisfazer as características básicas é uma condição necessária mas não suficiente do desenho de um produto.

As características base de um serviço não são imutáveis. Hoje uma conta à ordem deve poder ser movimentada por cartão de débito, naturalmente essa exigência não existia algumas décadas atrás. É, pois, necessário verificar a todo o momento o que é que o consumidor assume como características base de um serviço.

A embalagem refere-se aos materiais que são usados para o manuseamento, proteção e preservação dos serviços. Nos serviços financeiros estes materiais vão desde o conjunto de materiais que seguem com um cartão de crédito, ao extrato de uma conta a prazo, ao talão que é dispensado de uma caixa automática, ao simples envelope que contêm uma nota de lançamento.

A embalagem deve essencialmente proteger o produto durante o transporte, identificar claramente a marca, incluir informação sobre a forma de uso do serviço, facilitar a guarda e arquivo e ajudar o Cliente a usar o serviço. O caso dos cartões de crédito é um bom exemplo, muito tangível, da atenção ou desatenção dos bancos e estas funções da embalagem. Em Portugal se verificamos que nalguns produtos financeiros a atenção à embalagem é já grande noutros ela é muito insuficiente.

Toda a atenção deve ser dada a estes materiais que devem ser totalmente consistentes com o posicionamento pretendido para o serviço.

O nível de serviço contrasta o desempenho na prestação de um serviço com e as expectativas dos Clientes. O nível de serviço será bom se o desempenho estiver acima das expectativas e será meu de se situar abaixo destas.

Os modelos mais usados na Banca para a medição da Qualidade de Serviço são o SERVQUAL e o SERVPERF.

O primeiro, desenvolvido por Parasuraman no final dos anos 80 do século XX, mede a diferença entre as espectativas dos Clientes e as suas perceções sobre o serviço prestado (Parasurman er al, 1988). Este modelo assentava inicialmente em 10 dimensões da qualidade: i) Tangibilização, ii) Confiança, iii) Comunicação, iv) Credibilidade, v) Segurança, vi) Competência, vii) Cortesia, viii) Conhecimento do Cliente, ix) Acesso e x) Capacidade de resposta.

Ao testar o modelo os autores verificaram que algumas dimensões eram redundantes e que outras podiam ser agregadas. As dimensões retidas pelo modelo mais simplificado mas mais robusto são:

- Tangibilização – Instalações, equipamentos e aparência do pessoal;
- Confiança – Capacidade de executar o serviço prometido repetidamente;
- Capacidade de Resposta – vontade de ajudar o cliente e de providenciar um serviço rápido;
- Garantia – Competência e cortesia dos empregados e a sua capacidade de inspirar confiança.
- Empatia – atenção individualizada às necessidades de cada Cliente. (Parasurman er al, 1988).

Este modelo permite, através de inquéritos, aferir relativamente a cada uma destas dimensões a expectativas e as perceções dos Clientes sobre o serviço recebido de uma dada empresa.

O SERVPERF, criado por Cronin e Taylor é um modelo mais recente que mede apenas a perceção de desempenho do serviço. A perspetiva teoria é aqui muito diferente, já que se rejeita a comparação com as expetativas e que se pretende medir a qualidade de forma absoluta. Estes autores ligam a Qualidade de Serviço à Satisfação do Cliente e esta nas intensões de recompra. Nesta perspetiva a Qualidade de Serviço é uma variável intermédia porque o que verdadeiramente interessa é a Satisfação de Clientes.

Em Portugal a perspetiva de Cronin e Taylor tornou-se dominante no final dos anos 90 com a maioria dos Bancos a medir de forma regular a Qualidade de Serviço e a Satisfação dos Clientes.

Os serviços devem ter Nome e Marca que os distingam e os individualizem. Durante muito tempo no mercado português os produtos e serviços financeiros não tinham qualquer nome, sendo apenas conhecidos pela nomenclatura da sua família. Assim os Depósitos a Prazo, as Contas à Ordem, a Conta Títulos, o Seguro Automóvel, o Seguro de Vida, o Plano Poupança Reforma (PPR), da generalidade das empresas de serviços financeiros não ostentavam qualquer nome ou marca específica. Estes tempos estão contudo a mudar.

Nos últimos anos temos assistido ao batismo de muitos produtos e serviços. O Móbis, o Petis e o Médis são seguros respetivamente automóvel, de animais domésticos e de saúde comercializados pelo Millennium bcp. Os BEScall, o BESchat, o BESnet são serviços oferecidos pelo Banco Espírito Santo no âmbito da banca direta.

Note-se o contraste de estratégias na escolha de nomes entre o BES, que incorpora a marca corporativa nas designações dos serviços, e o Millennium que não faz qualquer referência à casa mãe.

Para cada serviço há que decidir se será vendido de forma isolada ou agregadamente com outros como se fosse um só. Essa união de produtos constitui um agrupamento (*bundling*).

Os seguros têm uma longa tradição de agrupamento de várias coberturas num único seguro (vejam-se os caso do Seguro Multirriscos habitação, do Seguro Automóvel, etc.). Ao nível da banca depois de um momento em que vários produtos agrupados foram comercializados seguiu-se uma atuação das autoridades que, invocando a necessidade de transparência no mercado, procuraram evitar o agrupamento.

O agrupamento é muito vantajoso na medida em que permite aproveitar economias de escala e de âmbito, nomeadamente ao nível da distribuição.

O agrupamento não deve ser artificial ou forçado, causando a sensação nos consumidores que pretendem comprar um produto que para o conseguir são obrigados a comprar outro que não desejam ou que conseguiriam, com vantagem, comprar de outro fornecedor. Muitos se recordam que alguns bancos exigiam que o cliente que contratava um crédito à habitação adquirisse um seguro de vida ao mesmo banco. Esta situação provocou muitos protestos dos consumidores o que no final levou ao abandono dessa prática.

A garantia dada ao Cliente é a assunção, sob certas circunstâncias, de responsabilidade concreta relativamente ao bom funcionamento de alguns aspetos do serviço prestado. A garantia pode ser prestada pela própria empresa de serviços financeiros ou por entidade terceira.

Em Portugal os depósitos efetuados em bancos, em caixas económicas ou em caixas de crédito agrícola, gozam de garantia legal até ao máximo de 100 000€ por titular. Esta garantia é dada pelo Fundo de Garantia de Depósitos entidade criada pelo Decreto-Lei n.º 298/92.

As garantias oferecidas pelas empresas de serviços financeiras podem dividir-se em dois grupos: a) garantias obrigatórias por Lei, b) garantias voluntárias. No primeiro grupo estão por exemplo a possibilidade de o Cliente desistir, sem qualquer penalização, do contrato de crédito pessoal desde que dentro de um prazo definido e a assunção da responsabilidade pelas transações efetuadas por cartão roubado ou extraviado em certas circunstâncias. No segundo grupo termos as garantias que alguns bancos portugueses oferecem relativamente aos seus níveis de serviço pagando penalizações no caso de eventual incumprimento. Estas garantias adicionais são particularmente importantes no caso de serviços prestados em plataformas digitais ou à distância.

Desenvolvimento de Produtos

O desenvolvimento de produto é o processo que vai desde a ideia ao lançamento de um novo produto ou serviço no mercado. A maioria das principais empresas de serviços financeiros está dotada de Direções de Marketing ou de outras estruturas responsáveis por este processo ou por partes deste processo.

Os estudos sobre desenvolvimento de produto procuram comparar casos de sucesso e de insucesso e identificar os fatores que levam ao êxito ou ao fracasso.

O sucesso, ou insucesso, de um produto pode medir-se de várias formas mas as mais habituais são: a rentabilidade gerada ao fim de um período razoável (que pode ir de meses até alguns anos consoante a natureza do produto) após o lançamento, o prazo de recuperação do investimento, o volume de vendas obtidas ou quota de mercado conquistada.

Que fatores estão por trás do sucesso?

A maioria dos investigadores coincide na identificação de um conjunto relativamente estável de fatores, embora discorde da importância relativa de cada um deles. Basicamente o sucesso no desenvolvimento de produto depende de:

- Fatores internos à empresa
  - Composição da Equipa de Desenvolvimento
    - Equipas multifuncionais com participação de pessoas de várias áreas conseguem em geral melhores resultados que equipas menos diversificadas em termos de competências;
  - Metodologia de trabalho da Equipa de Desenvolvimento
    - Planeamento sistemático e minucioso das várias fases de desenvolvimento do produto;
  - Política de Comunicação da Equipa de Desenvolvimento
    - Manter os membros da equipa informados e informar regularmente os empregados da empresa dos principais desenvolvimentos dos trabalhos.
  - Envolvimento da gestão de topo
    - Presente mas subtil, isto é deve ser efetivo no sentido de assegurar o acesso aos recursos necessários e de garantir

que o produto se encaixa nas competências e na estratégia da empresa, mas deixando espaço à iniciativa da equipa não se envolvendo diretamente nos trabalhos;
- Oscultação de clientes e fornecedores
  - Quanto maior o envolvimento destes grupos, através de estudos de mercado, entrevistas, etc., maior a probabilidade de resultados positivos;

- Fatores externos à empresa
  - Tamanho do mercado
    - Em mercados grandes é mais fácil lançar produtos do que em pequenos nichos;
  - Taxa de Crescimento do mercado
    - Em fases de expansão de mercado é mais provável ter sucesso do que em períodos de contração;
  - Grau de competitividade do mercado
    - Em mercados de baixa intensidade competitiva a probabilidade de êxito é superior do que em mercados de forte competição.

E obviamente o produto/serviço tem a máxima importância no resultado final, sendo importante que seja adequado à estratégia e posicionamento escolhidos e que seja compatível com as capacidades da empresa e acima de tudo que satisfaça verdadeiramente as necessidades dos Clientes oferecendo benefícios únicos e uma relação qualidade/preço competitiva.

Processo de Desenvolvimento de Produtos

O desenvolvimento de produtos/serviços processa-se em etapas sucessivas, que vão da originação de ideias, à introdução do produto no mercado e à monitorização de resultados.

Podemos identificar 10 passos base no processo de desenvolvimento de produtos:

Passo n.º 1 – Identificação de oportunidades
Através de análise às necessidades de Clientes, à evolução tecnológica, à oferta de concorrentes, à regulamentação, etc. Deve ser um processo contínuo de escrutínio do mercado.

Passo n.º 2 – Geração de ideias
Com recurso a técnicas especificas (brainstorming, etc.). Existe grande vantagem em envolver o maior número possível de pessoas nesta fase. Escolha das ideias mais promissoras.

Passo n.º 3 – Transformação de ideias em conceitos
Para cada ideia selecionada efetuar uma análise técnica, uma análise de mercado, uma análise de custos e proveitos potenciais e uma análise legal e regulamentar. Definição em detalhe do produto/serviço, do seu combinado de marketing, seus requisitos técnicos e plano de negócio. Testes preliminares.
Naturalmente muitas das ideias geradas no passo anterior não se conseguirão transformar em conceitos sólidos.
Este passo culmina com a elaboração de vários conceitos de produto/serviço, cada um com o seu orçamento preliminar.

Passo n.º 4 – Avaliação e seleção dos conceitos
Definição e aplicação dos critérios de avaliação, tendo em conta as restrições da empresa. Escolha do(s) conceito(s) a implementar.

Passo n.º 5 – Desenvolvimento de protótipo
Criação de um protótipo do produto/serviço a implementar. Permite validar estimativas de custos, afinar as tecnologias e processos internos e eliminar erros de conceção.
Preparação do plano de lançamento detalhado, incluindo orçamentos.

Passo n.º 6 – Teste do Produto/Serviço
Teste junto de clientes de protótipo do produto/serviço. Quanto mais real for o protótipo e mais genuíno o ambiente do teste mais autêntica será a reação de consumidores.

Passo n.º 7 – Lançamento do Produto/Serviço
Apresentação e formação às áreas de venda. Comunicação externa e interna. Inicio das vendas.

Passo n.º 8 – Controlo de Resultados
Recolha e análise de informação sobre o produto. Informação sobre ritmo de vendas, mas também estudos de mercado sobre as reações dos consumidores. Análise da reação dos concorrentes. Identificação de pontos de melhoria.

Passo n.º 9 – Introdução de eventuais correções
Correção sobre aspetos no combinado de marketing que possam ser melhorados para aumentar o sucesso do produto/serviço.

Passo n.º 10 – Avaliação do Lançamento
Decisão sobre se manter ou não o produto/serviço na carteira da empresa. A taxa de sucesso no lançamento de produtos novos é relativamente baixa e a empresa deve estar preparada para, face a resultados negativos que não consiga corrigir, descontinuar a oferta.

Cocriação no Processo de Desenvolvimento de Produtos

A cocriação é a participação dos Clientes e Fornecedores na criação de produtos/serviços. Não se resume à participação em estudos de mercado nas fases de deteção de oportunidades, geração de ideias e teste de protótipos mas pode ser estendida a todas as fases do processo de desenvolvimento de produto.

Por outro lado mesmo nas fases referidas a participação de Clientes e Fornecedores pode ser muito mais intensa e profunda.

Um exemplo clássico de cocriação é o Threadless, fabricante de t-shirts. O processo começa logo na fase da geração de ideias. Qualquer pessoa pode propor um desenho a estampar, os desenhos são colocados *online* para que os potenciais consumidores possam indicar quais os seus preferidos. Os que obtiverem mais votos são produzidos e colocados à venda através da internet. No sítio da empresa os clientes podem ver os modelos disponíveis, escolher, comprar e pagar por si próprios. A promoção é feita exclusivamente pelos próprios clientes através do "passa a palavra" pessoal ou através das redes sociais. Na Threadless o consumidor propõe o *design*, escolhe os desenhos que quer que sejam comercializados, faz a promoção e compra o produto sem a intervenção da empresa.

Na Banca a intervenção do cliente é hoje cada vez mais intensa. Nos leilões *online* os clientes fixam o preço dos depósitos, os clientes substituem-se ao caixa na requisição e depósito de cheques e de numerário nas máquinas automáticas. Os clientes processam as suas transferências, ordens de bolsa, pagamentos, constituem depósitos a prazo através da internet. De fato os Clientes asseguraram cada vez mais uma boa parte do processamento das transações bancárias, isto é a fase da prestação do serviço.

O grande desafio e que está já ao nosso alcance é o de envolver o Cliente na fase de criação dos produtos. Alguns produtos e agregações prestam-se muito a esta abordagem. Por exemplo não seria difícil permitir ao cliente construir o seu próprio seguro automóvel agregando às coberturas base, obrigatórias por Lei, outras à sua escolha. Ou escolher os serviços adicionais que prefere num cartão de Crédito.

Naturalmente a participação dos Clientes na criação de serviços pode também ser feita através de processos de incentivo e recolha de sugestões, de concursos de ideias ou mesmo de inquéritos pessoais.

Outra área passível de cocriação com os Clientes é a da promoção, apelando ao cliente que veicule informação relevante a outras pessoas quer diretamente, quer através das redes sociais, quer por outros meios. Ao nível da distribuição é também possível conseguir a colaboração dos clientes. As campanhas cliente-traz-cliente (*member-get-member*) são muito eficazes se incluírem os incentivos certos.

Mas a cocriação não se deve limitar exclusivamente aos clientes. Outras partes interessadas podem participar neste esforço. Os fornecedores, as universidades, as autoridades podem ser fonte apoio e de repartição de esforços e custos. Até os concorrentes podem, dentro de estritos limites que não impeçam a livre concorrência, participar no esforço de cocriação.

A cocriação principalmente ao nível do desenvolvimento de produtos coloca algumas questões que devem estar totalmente esclarecidas antes de a empresa se lançar nesta via: desde logo os direitos de autor e de propriedade intlectual (a Threadless por exemplo paga direitos aos consumidores que desenhem t-shirts que sejam selecionadas para comercialização), mas também o grau de abertura necessário para que o processo possa funcionar.

Haverá ainda que considerar que a grande maioria das ideias dos clientes não poderá ser adotada e que tem de haver um mecanismo que evite atritos com os autores de ideias não aprovadas, no caso da Threadless são os clientes que escolhem por votação e sem intervenção da empresa as ideias a levar à prática.

Ciclo de Vida dos Produtos

Os produtos, como os seres vivos, têm um período de gestação, nascem, crescem e desenvolvem-se, entram em declínio e morrem.

Este ciclo pode ser visto pela evolução da curva do volume de vendas ou, em alternativa, pela evolução da curva dos lucros gerados pelo produto ao longo do tempo.

Tipicamente o ciclo de vida dos produtos tem entre 4 a 6 etapas sucessivas. Jones considerado por muitos o pai do conceito de Ciclo de Vida do Produto sugeriu cinco fases: Introdução, Crescimento, Maturidade, Saturação e Declínio. No entanto a visão clássica do Ciclo de Vida do Produto comporta apenas quatro fases: 1) Introdução, 2) Crescimento, 3) Maturidade e 4) Declínio.

FIGURA 5.2. – Fases Clássicas do Ciclo de Vida do Produto

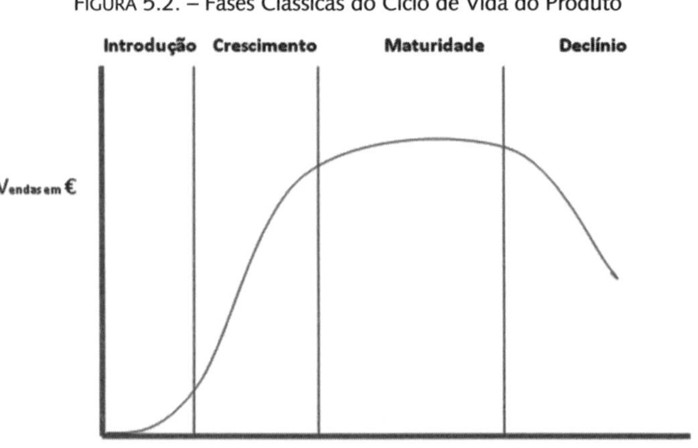

Outros autores, como Katz e Kahm, Hanks, Helms e Renfrow entre outros, defendem a existência de cinco fases, acrescentando uma fase prévia de Preparação ou de Desenvolvimento do Produto.

FIGURA 5.3. – Ciclo de Vida estendido

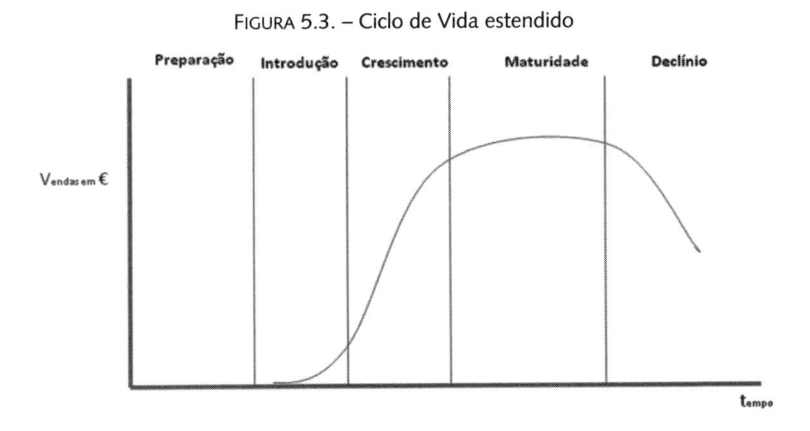

Existem também modelos com seis fases: desenvolvimento, introdução, crescimento, maturidade, saturação e declínio.

Importante, também, é saber o que é um novo produto. Um telemóvel da última geração é um produto novo ou uma mera extensão de linha do produto telemóvel já existente? E o telemóvel é ele mesmo um produto novo ou apenas um melhoramento do telefone (que de fixo passa a móvel)? Não existem aqui receitas universais. Apenas o conhecimento concreto do negócio e do grau de novidade do produto a lançar o podem determinar em cada caso.

A empresa de serviços financeiros tem de ter uma ideia clara sobre o produto que está a lançar (novo produto, extensão de produto antigo, etc.) sem o que a aplicação do modelo do ciclo de vida do produto pode dar muitos maus e enganadores resultados.

O Ciclo de Vida do Produto assume curvas diferenciadas dependendo do nível de análise que utilizarmos. Assim ao nível da Classe de Produto temos sempre curvas mais longas no tempo e as etapas de crescimento, maturidade e declínio podem mesmo durar muitas décadas. Ao nível do Produto Marca as curvas são mais erráticas já que dependem muito mais de uma empresa ou de um conjunto reduzido de entidades do que de médias, sempre mais estáveis, de setores ou produtos. As curvas clássicas do ciclo de vida tendem a ajustar-se melhor ao nível da Forma de Produto e é aí que se pode retirar maior valor acrescentado de uma gestão adequado do ciclo de vida do produto.

Uma nota final para assinalar que embora o conceito de Ciclo de Vida de Produto seja amplamente aceite na comunidade académica e prática da gestão de empresas, não deixa de ter os seus detratores e críticos. Entre as críticas mais comuns encontra-se a que a evidência empírica não confirma este ciclo demasiado decalcado de uma metáfora biológica, do ciclo da existência dos seres vivos. De facto existem muitos produtos que não passam da fase da introdução. Outros que depois de um rápido crescimento têm um declínio ainda mais veloz sem que nunca tenham estabilizado no planalto da maturidade.

Extensão dos Ciclos

Conhecer o ciclo de vida de um produto ou serviço ajuda a delinear estratégias que permitam prolongar as fases mais produtivas desse ciclo.

Entre as técnicas mais usadas para prolongar as fases de crescimento e de maturidade e de reduzir a velocidade de declínio contam-se: i) a melhoria do produto com a adição de novos benefícios, ii) a busca de novos mercados e as iii) reduções de preços repartindo com os consumidores ganhos provenientes de economias de escala.

Regulação

A indústria de serviços financeiros, pelo impacto que tem na economia, pelos volumes que movimenta, pelo facto de assentar na confiança entre instituições e entre estas e os seus Clientes, é uma das mais estritamente reguladas e regulamentadas.

A regulação da indústria dos serviços financeiros é assegurada nos países da União Europeia por duas camadas de instituições, uma ao nível Europeu e outra ao nível nacional.

A configuração da estrutura regulatória dos serviços financeiros na União Europeia foi amplamente reformulada na sequência da crise financeira iniciada em 2007. Assim em Novembro de 2010 foram publicados os Regulamentos que estabeleceram os novos órgão e a nova estrutura.

A estrutura do novo Sistema Europeu de Supervisão Financeira (ESFS – *European System of Financial Supervision*) articula dois aspetos essenciais da supervisão, por um lado a supervisão macro prudencial e por outro a supervisão micro prudencial.

A supervisão macro prudencial é assegurada pelo ESFS o Conselho Europeu do Risco Sistémico (ESRB – *European Systemic Risk Board*). Este organismo tem por missão detetar e prevenir ou mitigar o risco sistémico, o risco que pode levar a consequências negativas para os mercados internos de cada Estado Membro e para a economia. O seu órgão máximo é o Conselho Geral, composto por 66 membros dos quais 37 com direito a voto. Respondendo a este Conselho Geral a estrutura do ESRB comporta ainda um Comité Permanente que dirige o Secretariado, o Comité de Aconselhamento Científico e o Comité de Aconselhamento Técnico.

A supervisão micro prudencial está a cargo de três Autoridades de Supervisão Europeias:

- Autoridade Bancária Europeia (*European Banking Authority* – EBA),
- Autoridade Europeia de Seguros e de Pensões de Reforma (EIOPA – *European Insurance and Occupational Pensions Authority*), e
- Autoridade Europeia de Mercados e Valores Mobiliários (ESMA – *European Securities and Markets Authority*).

Estas três Autoridades coordenam-se entre si através de um Comité Conjunto, constituído pelo Presidente do Conselho de cada uma delas e em que tem também assento os respetivos Presidentes Executivos.

A estrutura destas autoridades é praticamente idêntica, com um Presidente, um Administrador Executivo, um Conselho Geral de Supervisão e um Conselho de Administração. Existe também um Comité de Partes Interessadas (*stakeholders committee*) em que estão representados os Clientes, as instituições financeiras e os empregados dessas instituições (Figura 5.4.).

A EBA, sediada em Londres no Reino Unido, foi estabelecida em 2010 com base na estrutura do extinto Comité Europeu dos Supervisores Bancários e entrou em pleno funcionamento no dia 1 de Janeiro de 2011.

Figura 5.4. – Configuração Sistema de Regulação Prudencial

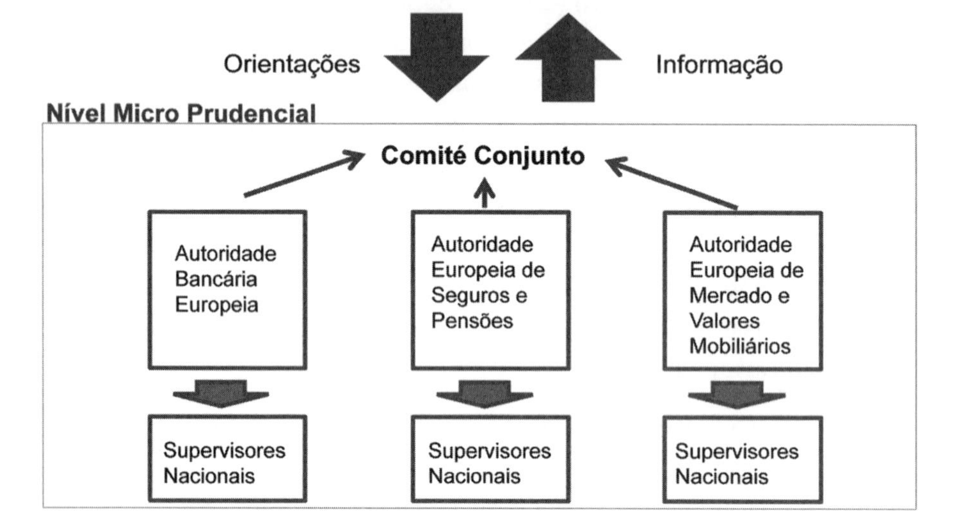

Os responsáveis por estes órgãos de supervisão, quer macro prudencial, quer micro prudencial, respondem diretamente perante o Parlamento Europeu e perante o Conselho.

O Conselho Europeu do Risco Sistémico (ESRB) emite alertas e recomendações de nível elevado alertando as autoridades políticas sempre que o risco sistémico possa ser elevado ou a resiliência do sistema possa ser afetada. As suas recomendações são de sentido lato, mas podem afetar fortemente o negócio das instituições. O exemplo descrito na caixa é bem ilustrativo.

RECOMENDAÇÃO RELATIVA AOS EMPRÉSTIMOS EM MOEDA ESTRANGEIRA

Um exemplo de uma Recomendação do ESRB é a Recomendação relativa aos empréstimos em moeda estrangeira de 21 de Setembro de 2011. Neste documento são feitas sete recomendações às autoridades de supervisão nacionais e aos Estados-Membros.

Recomenda-se a sensibilização dos mutuários para o risco e sugere-se que as autoridades nacionais "exijam às instituições financeiras que prestem informação adequada aos mutuários acerca dos riscos inerentes aos empréstimos em moeda estrangeira. A informação deverá ser suficiente para habilitar os mutuários a tomar decisões prudentes e fundamentadas e incluir, no mínimo, o impacto nas prestações de uma forte depreciação da moeda com curso legal no Estado-Membro de domicílio do mutuário e de um aumento na taxa de juro referente a esses empréstimos".

A segunda recomendação vai mais longe e pede que os Estados membros "permitam a concessão de empréstimos em moeda estrangeira apenas a mutuários que demonstrem a sua solvabilidade, tendo em conta a estrutura de reembolso do empréstimo e a capacidade dos mutuários para resistirem a choques adversos nas taxas de câmbio e na taxa de juro dos empréstimos em moeda estrangeira".

Noutro parágrafo lê-se "Recomenda-se às autoridades de supervisão nacionais que transmitam orientações às instituições financeiras para que procedam a uma melhor incorporação dos riscos do crédito em moeda estrangeira nos seus sistemas internos de gestão do risco. As orientações devem abranger, no mínimo, a determinação interna do preço do risco e a afetação interna dos fundos próprios. Deverá ser exigido às instituições financeiras que apliquem as orientações de forma proporcional à respetiva dimensão e complexidade".

Como podemos constatar esta Recomendação impõe restrições relevantes ao produto de crédito em moeda estrangeira, muito utilizado em países fora da moeda única, nomeadamente nos países da Europa Central e de Leste. Naturalmente na sequência da Recomendação o negócio de empréstimos em Moeda Estrangeira retraiu-se de forma muito acentuada.

No plano nacional temos uma réplica das Autoridades de Supervisão Europeias. Assim a supervisão de seguros e pensões de reforma em Portugal está acometida ao Instituto de Seguros de Portugal (ISP), a Comissão do Mercado de Valores Mobiliários (CMVM) é a contraparte portuguesa da Autoridade Europeia de Mercados e Valores Mobiliários e finalmente o Banco de Portugal (BdP) assegura a supervisão micro prudencial das instituições bancárias e afins. Também a este nível existe um comité de coordenação entre as três entidades de supervisão.

O Banco de Portugal (BdP) "*exerce a função de supervisão – prudencial e comportamental – das instituições de crédito, das sociedades financeiras e das instituições de pagamento*" (Banco de Portugal, 2012).

A nível da regulação prudencial "Compete ao Banco de Portugal autorizar a constituição de instituições de crédito, sociedades financeiras e instituições de pagamento, acompanhar a atividade das instituições supervisionadas, vigiar a observância das normas prudenciais que disciplinam a sua atividade, emitir recomendações e determinações específicas para que sejam sanadas as irregularidades destetadas, sancionar as infrações praticadas e tomar providências extraordinárias de saneamento".

Como se vê um amplo leque de atribuições que começa logo pela autorização do acesso à atividade e passa por um controlo permanente da atividade.

Essa supervisão visa "garantir a estabilidade financeira das instituições e a segurança dos fundos que lhes foram confiados. Mas essa atividade, sendo sobretudo preventiva (daí a designação de "supervisão prudencial"), não substitui a gestão competente e o controlo interno eficaz das instituições de crédito e sociedades financeiras, bem como o importante papel desempenhado pelos auditores, internos e externos, das instituições"[23].

Por outro lado a "atuação pública de regulação e de supervisão da conduta das instituições nos mercados financeiros a retalho é designada em Portugal por "supervisão comportamental"[24]. Assim o Banco de Portugal tem "competências para estabelecer regras de conduta das instituições de crédito, das sociedades financeiras e das instituições de pagamento que assegurem a transparência de informação nas fases contratuais e pré-contratuais, nomeadamente no domínio da publicidade, e a equidade nas transações de produtos e serviços financeiros entre as entidades supervisionadas e os seus clientes. Consagra igualmente o

---

[23] Banco de Portugal, site da instituição http://www.bportugal.pt/pt-PT/Supervisao/SupervisaoPrudencial/Paginas/default.aspx, visitado a 17 de Outubro de 2012

[24] Banco de Portugal, site da instituição – http://www.bportugal.pt/pt-PT/Supervisao/SupervisaoComportamental/Paginas/default.aspx, visitado em 17 de Outubro de 2012

direito de os clientes apresentarem diretamente reclamações ao Banco de Portugal"[25].

Neste âmbito qualquer novo produto com componente de inovação, quer ao nível do produto, quer ao nível da distribuição, quer mesmo ao nível da comunicação tem de ser, obrigatoriamente, pré-aprovado pelo BdP. O mesmo se passa com os seguros e fundos de pensões.

A Regulação é muito forte e qualquer oferta que seja construída sem levar em conta a regulamentação existente ou que não esteja atenta às alterações previsíveis às regras, arrisca-se a transformar-se num desastre e a não chegar sequer ao mercado.

A regulação restringe a concorrência, diminui a inovação, aumenta o *time to market* de novos produtos, mas assegura uma confiança reforçada e uma estabilidade acrescida no sistema financeiro, nos mercados e nas instituições. Em suma é uma regulação indispensável e, consequentemente, uma característica permanente do mercado de produtos financeiros europeu.

OS PREÇOS

Os preços nos serviços financeiros assumem três formas principais:

- Taxas de juro,
- Prémios de seguros, e
- Comissões.

As taxas de juro podem ser passivas ou ativas consoante se apliquem aos depósitos ou aos créditos. Uma taxa de juro passiva é uma percentagem que se aplica ao montante depositado pelo cliente. O resultado dessa multiplicação, ponderada pelo tempo, é o Juro bruto que o Banco pagará ao cliente pelo depósito. Inversamente uma taxa de juro ativa é uma percentagem que aplicada ao montante em dívida e ponderada pelo tempo produz um Juro bruto a pagar pelo Cliente ao Banco por um empréstimo.

---

[25] Banco de Portugal, site da instituição – http://www.bportugal.pt/pt-PT/Supervisao/SupervisaoComportamental/Paginas/default.aspx, visitado em 17 de Outubro de 2012

Por exemplo, um depósito a prazo de 1000€ pelo prazo de 181 dias à taxa nominal anual de 10% gera um juro a favor do Cliente de:

$$\frac{\text{Capital} \times \text{Taxa de Juro} \times \text{Tempo}}{\text{360 dias}}$$

ou seja

$$\frac{1.000€ \times 10\% \times 180}{360} = 50€$$

As comissões podem ser expressas por um valor monetário ou por uma percentagem, ou ainda por uma permilagem. Quando uma comissão é expressa numa percentagem ou numa permilagem o seu cálculo não leva em conta o tempo, aplicando-se diretamente sobre o montante da operação. Normalmente as comissões se expressas em percentagem ou permilagem ficam sujeitas a valores mínimos e máximos.

Por exemplo, sobre as vendas de títulos de um dado banco recai uma comissão de 0,1% (um por mil) com um mínimo de 10€ e um máximo de 100€. Assim se um cliente vender ações no valor de 50 000€ pagará:

$$50\,000 \times 0{,}1\% = 50€$$

uma vez que não fica abaixo do mínimo, nem acima do máximo. Mas se o valor da transação fosse de 5000, então pagaria o mínimo de 10€ uma vez que pela aplicação da permilagem se apuraria apenas 5€.

Os prémios são os preços dos seguros. É o montante que o segurado paga por uma dada proteção.

Os prémios de seguro levam em consideração a probabilidade de ocorrência do risco seguro, por exemplo a probabilidade de um dado carro ter um acidente nos próximos 12 meses, ou de uma dada pessoa morrer no decurso do próximo ano. Naturalmente que a idade, o estado de saúde, a profissão, o local onde vive são dadas importantes para a formação do prémio de um seguro de vida em caso de morte (seguro que paga ao beneficiário ou aos seus herdeiros uma indemnização em caso de morte da pessoa segura).

Formação do Preço

Os preços nos serviços financeiros são estabelecidos tendo em atenção os 3Cs:

- O Custo
- Os Concorrentes
- Os Clientes

O custo é um óbvio componente do preço. Para além do mais vender produtos abaixo do seu custo de produção é proibido por Lei. Qualquer instituição para ser rentável tem de vender os seus produtos acima do custo.

O custo total de um serviço é o somatório do custo fixo com o custo variável. A relação entre custo fixo e custo variável deve ser considerada quando se estabelece o preço. Um serviço com forte componente de custos fixos tem uma menor margem para o estabelecimento de preços do que um negócio com forte componente de custos variáveis.

A presença e o seu grau de economias de escala são também importantes na determinação do preço. Se quanto mais produzir menor for o custo unitário, então o preço deve ser ajustado a essa realidade.

O preço praticado pelos concorrentes é também relevante. Em produtos similares não é aconselhável ter um preço muito superior ao dos concorrentes diretos – os clientes podem racionalmente optar pelo produto mais barato do concorrente.

Se a instituição financeira tem custos de produção superiores ao preço praticado pelos concorrentes e não estivermos em presença de concorrência desleal por parte destes, então a instituição tem um grave problema que a não ser corrigido levará a instituição a ter que, mais cedo ou mais tarde, abandonar o mercado.

Os clientes devem também ser analisados. Um preço que os Clientes não estejam dispostos a pagar é um preço impossível de sustentar, por muito barato que possa parecer.

A elasticidade da procura face aos preços é muito importante quando se estabelece uma estratégia de preço. Se a procura for inelástica a empresa poderá subir os preços sem quebra na procura. Inversamente se a procura for muito elástica qualquer variação de preços dará lugar a uma forte alteração da procura. Nesta situação é preciso ser muito cuidadoso no estabelecimento do preço, por forma a acomodá-lo dentro dos paramentos de procura que maximizem os lucros.

Uma outra vertente dos clientes que é essencial na formação do preço na indústria de serviços financeiros é o seu **risco**. O risco pode ser a probabilidade de não pagar um crédito ou a de ter um acidente automóvel. Quanto maior o risco tanto mais alto será o preço que a empresa de serviços financeiros deve cobrar.

Taxa de Transferência Interna

Uma das funções primordiais da banca é a de intermediário financeiro, i.e. capta depósitos pagando uma taxa de juro aos depositantes e empresta esse dinheiro cobrando uma taxa de juro. Os fundos obtidos são simultaneamente a matéria-prima e o produto final.

O preço do crédito deve também ter em conta o preço que o banco paga pelos fundos que empresta: o custo dos fundos. Ora o custo dos fundos é dado essencialmente pelo custo dos depósitos.

Os bancos têm uma alternativa aos depósitos. Podem levantar fundos junto dos seus congéneres ou no mercado de capitais. Trata-se de dois mercados, o interbancário e o de capitais, em que o preço é bem conhecido.

Assim na maioria das instituições utiliza-se como taxa de transferência interna (*internal transfer rate – ITR*) a taxa de mercado ajustada.

Taxa de transferência serve como medida simultânea de aferição da rentabilidade do crédito e dos depósitos. Vejamos se a taxa de mercado ajustada para o prazo de 180 dias for de 5% e os depósitos a esse prazo do banco pagarem uma taxa de 3% a taxa de margem destes depósitos será de 2%. E se para o mesmo prazo o Banco cobrar pelo crédito 5,5%, a taxa de margem do crédito será 0,5%.

Metaforicamente seria como se as unidades captadoras vendessem os seus depósitos à Tesouraria central do Banco e as unidades que emprestam aos clientes comprassem esse dinheiro à tesouraria central. Ambas as unidades compram e vendem ao mesmo preço, a taxa de transferência (ver Figura 5.5.).

FIGURA 5.5. – Taxas de Transferência

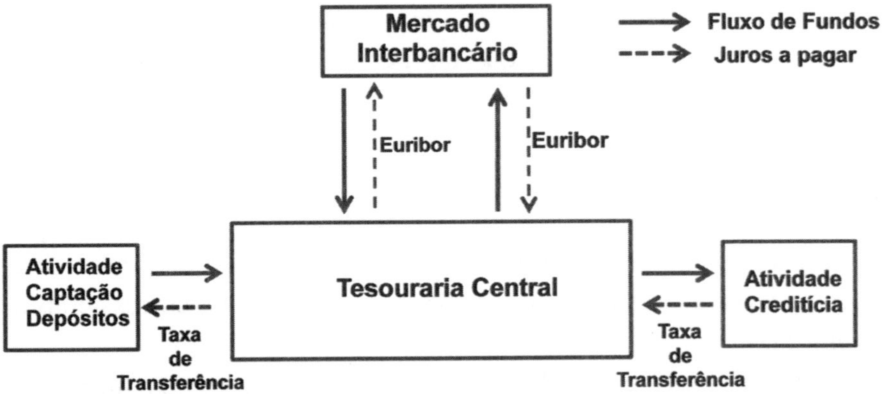

Mercado Interbancário
Fluxo de Fundos
Juros a pagar
Euribor
Euribor
Atividade Captação Depósitos
Tesouraria Central
Atividade Creditícia
Taxa de Transferência
Taxa de Transferência

A taxa de mercado mais usada é a taxa interbancária. Para o Euro são as famosas Euribor a vários prazos. Naturalmente que para cada prazo a taxa de transferência será diferente refletindo as taxas de juro de mercado que são diferentes consoante os prazos.

Os ajustes à taxa referem-se a fatores como reservas de caixa não remuneradas que eventualmente existam, ratios de transformação impostos inferiores a 100%, ajuste de liquidez para refletir as condições específicas do banco aos mercados.

Durante a expansão do crédito que antecedeu a crise iniciada em 2007 muitos bancos não incluíam qualquer ajuste relativo a liquidez pressupondo, erradamente como se veio a verificar, que poderiam aceder aos mercados quando e nas quantidades que precisassem. Esta falta de ajuste para a liquidez levou a duas consequências nefastas: baixo uso de depósito no financiamento do crédito e utilização de recursos de curto prazo para financiar crédito de muito longo prazo (como o crédito à habitação).

Quando a crise chegou e os mercados se fecharam enfrentaram uma crise de liquidez que na Europa só foi ultrapassada pela intervenção massiva do Banco Central Europeu.

É, pois, indispensável que a taxa de transferência interna inclua ajuste refletindo o prémio que a empresa tem de pagar pelo acesso à liquidez.

Por outro lado a crise mostrou que é gestão prudente manter uma almofada de liquidez para flutuações de mercado. Os ativos detidos como almofada devem ser facilmente transformáveis em liquidez quando necessário. A posse destes ativos não geradores de juros ou de baixa rentabilidade, têm um custo que também deve estar incluído no custo da liquidez.

Formação do Preço do Crédito

O preço do crédito é essencialmente determinado pelo risco do devedor, as garantias prestadas, pelo custo dos fundos e pelos custos gerais de operação.

Para determinar o risco do devedor as empresas de serviços financeiros desenvolveram modelos sofisticados que procuram identificar e agregar as variáveis que explicam a quebra de pagamento (*default*) de empréstimos anteriores. Uma empresa com prejuízos tem uma probabilidade maior de entrar em incumprimento do que uma com lucros elevados, uma empresa dirigida por quadros experimentados e conhecedores tem menos probabilidade de não pagar do que uma dirigida por incompetentes.

Estes modelos de notação de risco (*credit scoring*) permitem aferir o risco e atribuir uma nota de risco a cada Cliente (indivíduo ou empresa) com base num conjunto de variáveis descritivas do seu comportamento anterior. Como o comportamento muda e as circunstâncias se alteram estes modelos não são infalíveis.

Por outro lado eles são probabilísticos e não determinísticos, isto é, indicam qual a percentagem dos que possuindo um dado perfil entraram em incumprimento no passado. Por exemplo, nos EUA uma das variáveis usadas nestes modelos é o local de residência. Sabemos que 20% dos habitantes de um dado bairro entram em incumprimento, mas esse conhecimento não nos diz quem serão os indivíduos concretos que não irão pagar.

Em Portugal existem empresas especializadas que fornecem notas de risco quer para empresas quer para indivíduos. No entanto a maioria dos bancos desenvolveu os seus próprios sistemas de *scoring* para aferir o risco dos seus clientes e potenciais clientes.

Em relação ao risco o preço segue um caminho proporcional, i.e., quanto maior o risco maior a taxa exigida pelo crédito.

IMPACTO DO RISCO NA RENTABILIDADE E NO PREÇO

O Banco Prudente concedeu num dado ano 100 empréstimos de 500 USD a uma taxa de juro média de 5%. No final do ano tinha concedido 50.000 USD e tido uma receita de juros de 2.500 USD. Apenas um cliente não pagou pelo que com ele teve um prejuízo de 500 (valor do empréstimo) mais 25 (valor dos juros). Assim, em vez de 2.500 USD acabou por receber apenas 1.975 USD (2.500 – 500 – 25 = 1.975). Estes 1.975 USD representam, de facto, uma taxa de juro de 3,95%. Uma taxa de incobrabilidade de 1% (um em cem) resultou numa quebra do preço real em mais de 20% (de 5% para 3,95%).

O seu concorrente Banco Ousado concedeu nesse ano 200 empréstimos de 500 USD à mesma taxa de 5%. Mas tendo incorrido em maior risco teve 10 clientes que não pagaram. O total de crédito concedido foi de 100.000 USD e os juros de 5.000 USD. Mas os prejuízos dos incumpridores foram grandes. Os 10 Clientes que não pagaram somam 5.000 USD (10 × 500 = 5.000) e os juros correspondentes 250 USD (10 × 25 = 250). Assim os prejuízos do crédito não pago 5.250 são superiores aos juros recebidos, pelo que só pelo efeito do risco de crédito o Banco ousado teve um prejuízo de 250 USD. Uma taxa de incobrabilidade de 5% levou o Banco diretamente para os prejuízos. Não valeu a pena ser tão ousado.

Os clientes podem procurar minimizar o seu risco oferecendo garantias pessoais ou reais. Muitos clientes que querem comprar uma casa aceitam constituir hipoteca a favor do banco que lhe empresta o dinheiro. Assim se, por qualquer motivo, não puderem pagar o banco fica com a casa, vende-a e com o dinheiro obtido amortiza o empréstimo. O risco incorrido pelo Banco passa a ser menor. No entanto as casas podem desvalorizar-se e o que era uma garantia completa, com valor superior ao do empréstimo, pode passar a ser uma garantia insuficiente aumentando o risco do banco.

As garantias reais (hipotecas, penhores, etc.) são as mais valorizadas embora as garantias pessoais (aval, subscrição de livrança por terceiro, etc.) sejam também correntes.

Uma matriz, cruzando as garantias e os vários graus de risco determina a parcela variável do preço a utilizar em cada operação e com cada Cliente. Esta parcela variável é depois adicionada à taxa de transferência interna e a soma obtida é a taxa a aplicar ao Cliente.

Os custos operacionais devem também ser refletidos no preço. No entanto nos grandes bancos, que processam grandes volumes, os custos operacionais são normalmente muito reduzidos em comparação com os volumes de crédito pelo que são negligenciados. Em 2012 o Banco Espírito Santo apresentava na rubrica Crédito a Clientes um valor de 47,7 mil milhões de euros e nos custos de operacionais (custos com pessoal, gastos administrativos e amortizações) o valor de 1,1 mil milhões de euros. Os custos totais representam 2,3% do total de Crédito a Clientes mas deverão ser repartidos por todos os outros produtos/serviços pelos depósitos, pelos cartões, pelos seguros, etc. Vê-se que a quota-parte do crédito será sem dúvida diminuta.

Formação dos Preços dos Depósitos

Nos depósitos qualquer preço abaixo da taxa de transferência interna resulta num ganho para o banco. Este é um ganho de oportunidade, isto é se em vez dos depósitos o banco tivesse de recorrer a outras fontes de financiamento pagaria mais pelos fundos de que necessita. Permite calcular uma rentabilidade para as áreas de negócio que captam fundos e permite otimizar o custo dessa captação de fundos.

No entanto em termos contabilísticos é certo que os juros pagos aos depositantes é um custo.

Os outros dois ingredientes da decisão dos preços (Clientes, Concorrentes) influem largamente no nível de preços praticados.

Qualidade Preço

A qualidade de um produto/serviço é de primordial importância na determinação do preço.

Diferentes combinações qualidade/preço são possíveis para um mesmo produto/serviço. Para determinar com clareza quais os benefícios que os Clientes mais valorizam e quanto estão dispostos a pagar por eles recorre-se com frequência a estudos de mercado desenhados para utilização de técnicas estatísticas como a análise de conjunto (*conjoint analysis*). Em termos de análise qualitativa é usual o recurso às discussões de grupo (*focus group*).

Segmentação e Discriminação de Preços

A segmentação permite diferenciar os preços praticados em cada segmento de mercado.

O mesmo produto, por exemplo um livro de cheques, pode assim ser cobrado a um preço superior num segmento e a um preço inferior noutro segmento se integrado numa oferta global para cada um dos segmentos,

Mas mesmo no interior de cada segmento é possível fazer discriminação de preços, baseada na vontade de pagar do Cliente (*willingness to pay*).

A teoria económica e o bom senso ensinam-nos que para cada nível de preço existe uma determinada procura. Quanto mais baixo for o preço mais alta será a procura e inversamente se o preço for mais alto menor será a procura.

Vejamos um exemplo. Uma empresa enfrenta a curva da procura da Figura 5.6. Se colocar o preço em 2€ consegue vender 100 unidades e obter um volume de vendas de 200€, se definir o preço em 5, consegue apenas vender 70 unidades e o volume de vendas será de 350€ e se praticar um preço de 10€ venderá 20 unidades perfazendo um volume de vendas de 200€. Que preço escolher?

FIGURA 5.6. – Quantidades procuradas por nível de preço

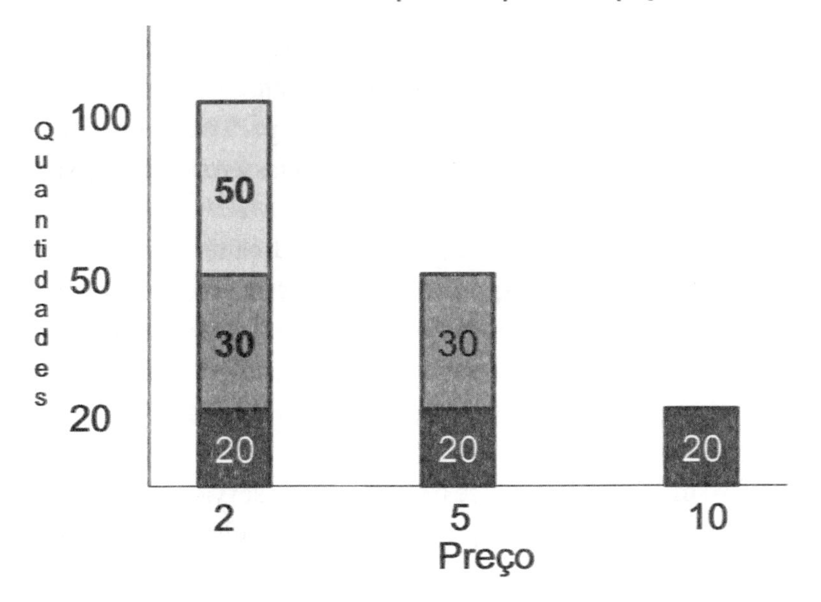

No entanto se esta empresa conseguir discriminar o preço, vendendo a cada grupo ao preço a que estão dispostos a pagar venderá 100 unidades, mas a preços diferentes: 20 unidades a 10€, 30 unidades a 5€ e 50 unidades a 2€. Consegue assim um volume de vendas de 400€ (200 + 150 + 50). Maximiza as vendas e aproveita na totalidade a curva da procura.

FIGURA 5.7. – Discriminação de Preços

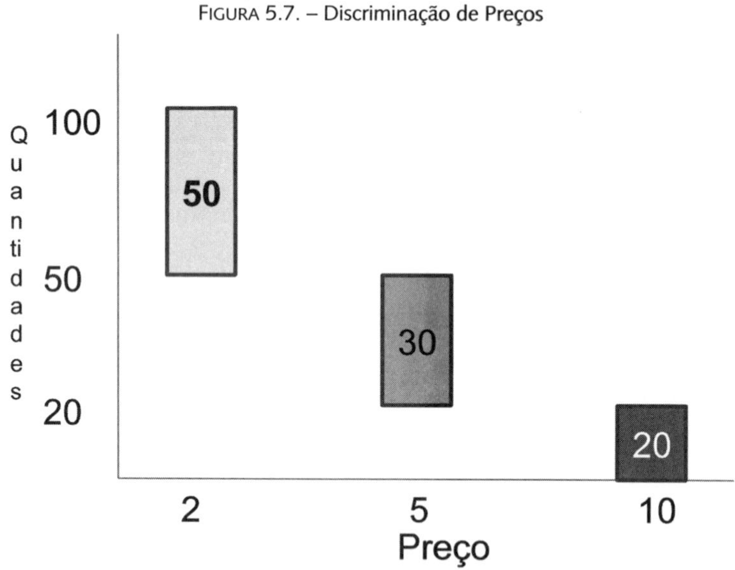

A arte neste domínio é conseguir que os Clientes que estariam dispostos a pagar um preço mais alto o paguem efetivamente e que, simultaneamente, os Clientes que só estariam disponíveis para pagar um preço mais baixo a ele tenham acesso. Nestas circunstâncias a empresa maximizaria as vendas e o seu retorno.

Mas é evidentemente difícil, num mercado aberto e transparente, conseguir que os Clientes disponíveis para os preços mais altos os paguem quando ao lado o mesmo produto se vende por menor preço.

Tendência dos Preços

A todo o momento prevalece na indústria de serviços financeiros uma tendência global dos preços, que deve ser analisada e identificada. Esta tendência geral tem por base as leis da procura e da oferta agregadas.

No auge da crise de liquidez que se seguiu a falência do banco de investimento norte-americano Lehman Brothers em 2008 quando os bancos se recusavam a emprestar uns aos outros a procura de fundos aumentou e, com ela, as taxas de juro dos depósitos. Na verdade a procura de depósitos disparara enquanto a oferta se mantinha estável, por isso o preço aumentou.

Quando em 2011 a *troika* constituída pelo Fundo Monetário Internacional, a Comissão Europeia e o Banco Central Europeu impôs aos bancos portugueses rácios de transformação (quociente entre depósitos e crédito) mais baixos, o crédito tornou-se um bem escasso e a taxa de juro cobrada cobrada subiu em flecha.

Estas tendências gerais devem ser analisadas e compreendidas, para que a correta estratégia de preço possa ser delineada.

Estratégias de Preço

As estratégias de preço são muito variadas e desenhadas para múltiplas situações.

Na introdução de novos produtos/serviços duas estratégias antagónicas emergem como as mais usuais:

- **Estratégia de desnatar o mercado** (*skimming pricing*) em que o preço inicial é muito elevado sendo depois, faseadamente, diminuído à medida que as vendas aumentem. Se os adotantes iniciais do produto (*early adopters*) estiverem predispostos a pagar um prémio pelo privilégio de possuírem algo que mais ninguém tem esta estratégia funciona bem e é muito rentável. Ainda funciona melhor se tivermos em face de produtos com grandes economias de escala, pois a descida de preço corresponderá também a uma descida do custo face aos maiores volumes vendidos.
- **Estratégia de penetração**, com preço introdutório baixo. Visa ganhar uma quota de mercado elevada em pouco tempo. Particularmente ajustada quando uma empresa lança um novo produto mas sabe que a concorrência se prepara para lançar o mesmo produto pouco tempo depois.

No dia-a-dia as empresas estão sempre confrontadas com três alternativas no que respeita aos preços que praticam:

- Subir os preços e aumentar a margem unitária, enfrentando o risco de perder volume de negócio;
- Manter os preços, principalmente se a empresa já for líder de mercado e estiver numa posição defensiva. A empresa que mantém os preços espera que os concorrentes façam o mesmo.
- Baixar os preços, reduzindo margem unitária mas procurando compensar pelo aumento das vendas.

Opaco ou transparente?

Um preço opaco é aquele que o Cliente não entende completamente. Nalguns produtos financeiros com estruturas de preços complexos nem sempre é fácil ao cliente comparar os preços dos concorrentes.

Veja-se o caso de um crédito ao consumo que poderá ter uma taxa de juro sobre o montante emprestado que será cobrada mensalmente e uma comissão de análise da proposta paga de uma só vez no início do contrato. Se os bancos promovem na sua comunicação apenas a taxa de juro então o que aparenta ser o mais barato pode na verdade ser o mais caro se a sua comissão de análise for muito elevada.

Para impedir tais práticas de preços opacos existem regras de transmissão completa da informação. No caso dos créditos pessoais as empresas de serviços financeiros são obrigadas a publicitar a TAEG que leva em conta todos os encargos (juros e comissões) previstos.

A opacidade do preço é, muitas vezes contraproducente, na medida em que quebra o laço de confiança entre o Cliente e a empresa de serviços financeiros e o retrai na procura e o impele a procurar alternativas mais transparentes (mesmo que mais caras) no mercado.

Preço, Custo e Lucro

A definição do nível certo de preços é essencial para a rentabilidade de qualquer empresa de serviços financeiros.

Michael Marn e Robert Rosiello estudaram o impacto do aumento de preços nos lucros e chegaram à conclusão que por cada 1% de aumento do preço se obtém, em média, um aumento de 11,1% nos lucros!

Em contrapartida um aumento dos volumes de vendas da mesma magnitude (1,0%) apenas produzia um modesto incremento de 3,3% nos lucros.

Também a redução dos custos variáveis não era tão eficaz, já que uma redução de 1% desta rubrica se traduzia numa subida de 7,8% dos lucros.

Mas o inverso também é verdade. Uma redução de 1,0% nos preços implica uma perca de resultados de 11,1%.

Fica, assim, bem clara a importância da boa gestão do preço nos lucros das empresas de serviços financeiros.

Preço Base e preço real

Muitas empresas de serviços financeiras têm, como é obrigatório, afixados preçários nos seus pontos de venda e/ou publicados nos seus sítios da internet. No entanto na hora de concretizar as transações concretas negoceiam com os Clientes descontos e condições especiais.

Esta situação faz com que exista uma discrepância entre o preço base e o preço realmente aplicado aos clientes, tendendo este último a ser menor do que o primeiro.

Existem naturalmente descontos de quantidade, um depósito de um milhão terá um melhor preço do que um de um milhar, descontos competitivos, se um cliente importante ameaça levar a operação de crédito para a concorrência é possível que obtenha um melhor preço, descontos de fidelização, um cliente com vários produtos provavelmente terá um melhor preço de que um cliente que só tenha um produto.

A gestão desta panóplia de descontos e reduções de preços pode, se não for bem-feita, tornar-se um pesadelo e ter um impacto muito negativo na conta de exploração.

Uma gestão efetiva dos descontos implica:

- Uma política explícita e conhecida da estrutura interna de preços e descontos com regras bem definidas

- Uma adequada atribuição de poderes de decisão a cada nível hierárquico envolvido
- Uma monitorização constante da aplicação da política definida

Guerras de Preço

As guerras de preços são usualmente perigosas e podem levar as empresas a vender abaixo do custo ou a assumir preços que sendo marginalmente rentáveis no curto prazo incorporam riscos relevantes no médio e longo prazo.

Todos nos recordamos de, em Portugal, no pico da bolha do imobiliário, na primeira metade da primeira década do século XXI, os bancos concederem crédito à habitação com margens extremamente pequenas e de publicitarem mesmo *spreads* de 0% (zero)! O mercado crescia vertiginosamente e nenhuma instituição queria perder quota de mercado e algumas pretendiam mesmo alargar a sua quota tradicional.

A par dos preços esmagados, sem qualquer margem ou salvaguarda para uma subida de *spreads* nos mercados internacionais, a guerra de preços incluiu também uma outra forma mais dramática. O preço deixou de estar ligado ao risco e todos os clientes, independentemente do risco, puderam aceder às taxas mais baixas.

Naturalmente, esta loucura foi depois paga pelos acionistas, pelos obrigacionistas obrigados a converter os seus títulos em ações muito desvalorizadas e pelos contribuintes cujo dinheiro foi usado para capitalizar estes bancos.

As guerras de preços acabam geralmente mal para a maioria dos guerreiros.

AS PROVAS

A maioria dos serviços financeiros é, por natureza, totalmente intangível.

A melhor imagem que podemos ter de um Depósito a Prazo é a das notas bem arrumadas e empilhadas num cofre-forte de alta segurança. Mas todos sabemos que o dinheiro físico (notas e moedas) corresponde apenas a uma fração ínfima do total de dinheiro em circulação na economia. O nosso Depósito, sabemo-lo, é apenas um registo num qualquer computador de uma instituição financeira. Totalmente intangível, totalmente invisível e, no entanto, tão real e valioso para nós.

O cofre-forte, sofisticado, inviolável, de abertura retardada, continua a ser a metáfora perfeita, a tangibilização ideal, da segurança dos depósitos de um Banco. Pelo menos até o resgate ao Chipre de 2013 ter mostrado que a ameaça à segurança dos depósitos pode vir de onde menos se espera.

Produtos que anteriormente tinham alguma tangibilidade, como por exemplo as ações e obrigações das empresas que eram emitidas em papel que o Cliente podia levar para casa, passaram a ser desmaterializados. A segurança aumentou, a velocidade aumentou, o tempo de processamento diminuiu, mas a tangibilidade, essa, reduziu-se ainda mais.

A forma mais tradicional de tangibilizar os serviços financeiros consistia em construir, decorar e manter sucursais de aspeto sólido e imponente. O aspeto robusto das instalações, os materiais compactos, a predominância de cores escuras, o formalismo da prestação do serviço, a indumentária sóbria, mas elegante dos colaboradores, o silêncio apenas entrecortado por vozes sussurrantes, transmitiam a seriedade, a confiança, a solidez e o profissionalismo indispensáveis nesta atividade.

No início dos anos 90 do século XX começaram a surgir outros formatos de sucursais, de cores vivas, de materiais plásticos e leves, com serviço mais informal, luzes claras, música ambiente, televisões e máquinas de self-service. Em Portugal a NovaRede foi a grande pioneira na introdução deste conceito.

Com sucursais mais pequenas e mais baratas e muito visíveis era possível alargar de forma significativa a rede de distribuição, o que permitiu por um lado chegar mais próximo dos clientes e por outro aumentar a tangibilização do serviço. Esta estratégia da NovaRede foi muito bem-sucedida e logo seguida por muitos concorrentes.

Com a explosão da internet e do mobile os Bancos têm tentado migrar para estes novos canais de distribuição parte dos serviços e assim diminuir a sua rede de distribuição física. No entanto a Sucursal continua a ser a forma mais evidente de tangibilizar o serviço financeiro.

A Sucursal tangibiliza o serviço e ajuda a posicionar a oferta. Ao nível da Sucursal tudo é importante desde o edifico onde se localiza, ao desenho e à arquitetura do espaço, desde o mobiliário e a sinalética à iluminação e às cores utilizadas. Até o parque de estacionamento é importante na tangibilizar do serviço. Mais sobre a Sucursal na secção sobre Ponto de Venda.

Mas se a Sucursal é a principal forma de tangibilizar o serviço financeiro, ela está longe de ser a única.

A segunda forma mais forte de tangibilizar os serviços financeiros é através de cadernetas, certificados, extratos e apólices. Os extratos contêm uma descrição dos movimentos e dos saldos, constituindo uma prova sólida, palpável e legal da prestação do serviço. As apólices funcionam também como prova maior de comprovativo de que se possui um seguro.

Outras formas muito utilizadas de tangibilizar os serviços financeiros são os folhetos e brochuras, os impressos e mesmo os cartões-de-visita. Assim é frequente encontrarmos nas sucursais dos bancos portugueses uma profusão de panfletos cuja função é menos a promoção, já que raramente são distribuídos aos clientes, e mais a tangibilização da oferta, revelando a panóplia de produtos/serviços oferecidos.

Nalguns bancos os colaboradores vestem uniformes mais ou menos completos que podem ir da simples gravata a toda uma indumentária como o uniforme das hospedeiras ou dos polícias.

Muitos bancos diretos, pelo telefone e/ou pela internet, têm encontrado inúmeras dificuldades em se afirmar exatamente pela dificuldade que têm de tangibilizar o serviço aos olhos dos seus potenciais clientes. Mesmo numa era do digital, da internet e do mobile, a banca direta e os seguros diretos só têm sobrevivido em pequenos nichos de mercado.

Nos últimos anos tem-se assistido a estratégias, visando a redução de custos, de diminuição das provas. Mas os extratos enviados por correio eletrónico perdem o caracter de prova que lhe conferia o papel e passam a ser olhados como simples informação. Os comprovativos de toda a ordem eliminados aumentam a incerteza e a desconfiança dos clientes. A redução, sem explicações, do número de sucursais é interpretada como sinal dificuldades e o abandono da uniformidade de imagem como desleixo.

A experiência tem mostrado que o mercado penaliza esta redução das provas, e os bancos que têm adotado esta estratégia têm em geral perdido quota de mercado a favor dos que não o fazem.

A PROMOÇÃO

A promoção é atividade de comunicação com os clientes e potenciais clientes com vista a criar um conhecimento do serviço que leve à sua compra. Nos serviços financeiros as principais formas de promoção são:

- A venda pessoal
- A publicidade
- As vendas diretas
- As relações públicas
- As promoções de venda

A venda pessoal levada a cabo diariamente pelos milhares de empregados das empresas de serviços financeiros é a principal forma de promoção neste mercado. Os corretores e angariadores de seguros, os gerentes de conta e de cliente, os empregados das agências e sucursais, os caixas, os especialistas de investimento, falam todos os dias com dezenas de milhares de pessoas, expondo e explicando os produtos e serviços, informando sobre os respetivos benefícios, alertando para as vantagens, mostrando as razões de escolha. Trata-se de uma forma massiva de comunicação.

A banca possui em Portugal cerca de 50.000 funcionários e a atividade seguradora conta com pouco mais de 11.000 empregados e mais de 25.000 mediadores. É uma força de venda poderosa que cobre com malha apertada todo o território nacional.

A publicidade é, de acordo com a definição da Associação Americana de Marketing, "Qualquer forma paga de apresentação ou promoção impessoal de ideias, bens ou serviços efetuada por um promotor identificado"[26]. Palavras-chave nesta definição são paga, impessoal e promotor identificado.

[26] Tradução de "Any paid form of non-personal presentation and promotion of ideas, goods or services by an identified sponsor".

A publicidade é impessoal não se dirigindo, ao contrário da venda direta, a indivíduos concretos mas sim a audiências mais vastas.

A publicidade tenta convencer os consumidores da bondade dos produtos/serviços que promove. Hugh Rank desenvolveu uma teoria sobre as duas estratégias da persuasão eficaz.

- A **intensificação** (*intensification*) – em que se procura intensificar a presença de certos elementos na mente daquele que se quer persuadir. Pode ser obtida pelo uso isolado ou combinado de três técnicas:
    - **Repetição** – quanto mais repetirmos uma mensagem ou um elemento visual, mais estes se tornam reconhecidos, credíveis e verdadeiros;
    - **Associação** – associar a mensagem a algo a que os consumidores já atribuem uma conotação emocional, que já desejem ou temam;
    - **Composição** – enquadrar a mensagem, nomeadamente criando contrastes.

- A **minimização** (*downplay*) – em que se procura minimizar uma mensagem ou argumento. É o oposto da intensificação. Pode ser obtida pelo uso isolado ou combinado de três técnicas:
    - **Diversão** – quando se distrai através de manobras de diversão a atenção da pessoa de mensagens ou ideias que queremos combater;
    - **Omissão** – nada dizer sobre as mensagens ou ideias que queremos combater;
    - **Confusão** – criar confusão na pessoa sobre a mensagem ou a ideia que queremos combater. Inundar a pessoa a persuadir com informação, fazer perguntas complexas, uso de jargão técnico são formas de criar confusão.

A publicidade usa estas técnicas, com grande predominância da estratégia de intensificação, uma vez que algumas formas de minimização são proibidas.

A venda direta (*direct marketing*) é um canal de distribuição assente em meios de contacto diretos: carta, correio eletrónico, fax, mobile e o telefone.

Os principais instrumentos da venda direta são o mailing, quer na sua versão tradicional usando cartas em papel quer na sua moderna versão de envio de correio eletrónico e o *telemarketing*.

A técnica do mailing consiste na identificação de clientes alvo e no seu contacto através de carta.

A recolha de um conjunto da informação sobre os clientes alvo, nome, moradas, números de telefone, posse de produtos, e outra, isto é a construção de uma lista, é o primeiro passo. Nesta fase é preciso ter em atenção as limitações legais, nomeadamente respeitando escrupulosamente os direitos de proteção de dados pessoais dos consumidores. Em Portugal a Lei n.º 6/78, com as atualizações subsequentes, regula estes direitos e a forma como podem ser recolhidas, mantidas, atualizadas e comercializadas listas de consumidores. A Comissão Nacional de Proteção de Dados que funciona junto da Assembleia da República é a Autoridade Nacional de Controlo de Dados Pessoais e tem "como atribuição genérica controlar e fiscalizar o processamento de dados pessoais, em rigoroso respeito pelos direitos do homem e pelas liberdades e garantias consagradas na Constituição e na lei"[27].

A construção de listas de clientes para ações de mailing pode ser feita recorrendo a técnicas estatísticas de CRM (*Customer Relationship Management*). Mais sobre CRM no próximo capítulo.

A lista pode ser construída por seleção dos nossos clientes ou ser comprada.

Neste último caso ela deve ser comparada com a base de dados dos nossos clientes para excluirmos, entre outros, os clientes que já têm o produto que se pretende oferecer e os que já nos indicaram anteriormente não querer ser contactados por este meio. Verificações de erros ortográficos nos nomes, inconsistências nas moradas (por exemplo a rua não se

[27] Site da Comissão Nacional de Proteção de Dados, http://www.cnpd.pt/bin/cnpd/acnpd.htm, acedido a 12 de Abril de 2013.

enquadrar no código postal que exibe) e noutros tipos de dados devem sempre ser feitas para evitar custos inúteis com devoluções de correio ou com reclamações. Estamos em plena fase de preparação da lista.

Se a lista for grande e o seu envio for dispendioso é prudente testar a lista, a comunicação e a oferta, enviar a um ou a vários pequenos subgrupos da lista, aleatoriamente selecionado, cartas com comunicações alternativas (por exemplo para testar o tratamento na segunda ou na terceira pessoa) ou ofertas alternativas (por exemplo para testar se será mais eficaz um brinde imediato ou um desconto) e medir a taxa de êxito para cada alternativa. Naturalmente escolher a melhor alternativa exceto se nenhuma delas se mostrar rentável situação a oferta deve ser desenhada e novamente testada ou em que a lista deverá ser rejeitada.

A comunicação segue estrutura bem definida. Começa por um título (*headline*) chamativo que capte a atenção do cliente e que diga ao potencial cliente o que têm a ganhar com a leitura da carta. Sem um bom *headline* a carta arrisca-se a ir para o caixote do lixo sem ser lida. Depois temos de formular o problema, apresentar a nossa solução, enfatizar os benefícios dessa solução, estabelecer as nossas credenciais, introduzir escassez (brindes para os primeiros 100 a responder, oferta só disponível até ao fim da próxima semana, etc.) e apelar à ação. No *post-script* recordar os benefícios e repetir o apelo à ação.

A comunicação inclui normalmente o envelope, que pode e deve ser usado como suporte, a carta e as restantes peças (folhetos, brochuras, envelopes RSF e outras). A imagem global deve ser coerente e integrada. Cada peça deve procurar funcionar por si e integrada no conjunto.

Sempre que possível a comunicação deve ser personalizada, usando o nome do potencial Cliente naturalmente, mas desenhando a oferta exatamente à sua medida. Por exemplo num mailing para oferecer um crédito à habitação pode ser indicado o montante que o Banco está disposto, face ao risco, a emprestar a cada potencial cliente.

O apelo à ação é fundamental nas ações comerciais. Ele deve ser claro e explicito do tipo “Ligue já – 999999”. Sem apelo à ação o potencial cliente não saberá o que fazer para obter o produto de que precisa, sem apelo à ação a carta perde o seu caráter comercial e transforma-se num veículo meramente informativo.

Toda a carta deve depois ser seguida. O seguimento deve ocorrer algum tempo depois de enviada a comunicação e deve incidir sobre os que não responderam. Um contacto telefónico, uma segunda carta, uma visita são formas habituais de efetuar um seguimento eficaz que potencia as vendas.

Por último há que aprender com a experiência seja ela positiva ou negativa, percebendo o que funcionou e o que não teve êxito, apurando taxas de êxito em subgrupos de clientes distintos, analisando taxas de êxito antes de seguimento e depois de seguimento, calculando os resultados da campanha, comparando-a com ouras e listando as lições aprendidas.

A atividade de relações públicas, de acordo com a definição clássica e sumária de James Grunig e Todd Huntgerem, "É a gestão da informação entre a empresa e os seus públicos".

A política relações públicas pode ser **simétrica** ou **assimétrica**. No segundo caso a empresa procura moldar a opinião do público-alvo ao seu ponto de vista no sentido de continuar a agir como quer. A política de relações públicas simétrica pelo contrário procuram ouvir a voz de outras partes e negociar um entendimento benéfico para todos. Em Portugal as empresas de serviços financeiros, fruto do seu peso económico, têm seguido, com assinalável êxito, políticas de relações públicas assimétricas.

Grunig e Huntgerem identificaram quatro modelos de relações públicas resultado de uma evolução ao longo do tempo e das escolhas das empresas:

i) o modelo da propaganda,
ii) o modelo de informação pública,
iii) o modelo assimétrico bidirecional,
iv) o modelo simétrico bidirecional.

O modelo da propaganda, o primeiro a surgir na viragem do século XIX para o século XX, procura obter o máximo de cobertura noticiosa para os temas da empresa. As notícias que veicula são sempre positivas não hesitando para isso em usar informação incompleta e ou distorcida. Este modelo é ainda um dos dominantes na atividade de relações públicas em Portugal.

O modelo da informação pública é um modelo unidirecional mas honesto. A informação transmitida ao público é rigorosa e honesta, como a que seria obtida por um jornalista independente.

O modelo assimétrico bidirecional, dominante na primeira metade do século XX, é o herdeiro histórico do modelo da propaganda, mas extremado e recorrendo a técnicas da psicologia, é também conhecido como o modelo da "persuasão científica". O seu pioneiro foi Edward Bernay que era sobrinho de Sigmund Freud. Neste modelo já não se trata de veicular informação mas sim de persuadir o público.

O modelo simétrico bidirecional é aquele em que a empresa enceta um verdadeiro diálogo com todas as partes interessadas (*stakeholders*) ouvindo-os, tomando em conta os seus pontos de vista, alterando o seu comportamento quando necessário e apresentando os seus numa interação permanente.

Grunig e Huntgerem defendem, com base em extensos estudos quantitativos, que os primeiros três modelos são caros e ineficientes e que só o modelo simétrico de duas vias funciona verdadeiramente.

As áreas das relações públicas mais relevantes para as empresas de serviços financeiros portuguesas têm historicamente sido:

- Publicity – garantir a máxima cobertura noticiosa, não paga, nos meios de comunicação relativamente aos conteúdos relevantes para a empresa de serviços financeiros.
- Lobbying– manter de relações com decisores políticos (deputados, governantes, autoridades diversas) com o objetivo de influenciar a tomada de decisão. Em Portugal parte desta função é assegurada pelas associações do setor, principalmente pela Associação Portuguesa de Bancos e pela Associação Portuguesa de Seguradores.
- Relações com Investidores (*investors relations*) – manter o contato entre a empresa e os acionistas, investidores, mercados mobiliários e autoridades de supervisão.
- Gestão de acontecimentos – responder de forma proactiva a crises, notícias ou acontecimentos que afetam a reputação da empresa junto das suas partes interessadas.
- Organização de eventos – organizar eventos de diversa índole.

Estas funções são asseguradas nas principais empresas de serviços financeiros em regime de subcontratação (outsourcing) por agências especializadas, embora em geral, retendo em casa pequenas equipas especializadas.

As trefas mais comuns ao nível das relações públicas são:

- Preparar e editar comunicados de imprensa (*press releases*), jornais e comunicações internas;
- Manter relações com a comunicação social e colocação de conteúdos;
- Analisar estudos de mercado e recolha de informação;
- Organizar de eventos, nomeadamente convenções, celebrações, inaugurações e outras;
- Servir de elo de contacto com a comunicação social, com a comunidade e com outras partes interessadas (*stakeholders*) incluindo grupos internos e externos, ouvi-los e com eles negociar;
- Gestão de conflitos e de crises;
- Receção e acompanhamento de visitantes.

As promoções de vendas são um conjunto de técnicas que visam, em geral no curto prazo, melhorar a oferta com vista a incrementar as vendas ou a levar o consumidor a experimentar uma nova marca ou um novo produto. Visam, pois, melhorar temporariamente o ratio valor/preço.

Existem assim três caminhos para alterar esse ratio:

- Aumentar o valor oferecido
- Diminuir o preço
- Aumentar o valor oferecido e diminuir o preço

As promoções baseadas no aumento do valor oferecido incluem técnicas como:

- Oferta de amostras – por exemplo: cartão de débito gratuito por alguns meses ao fim dos quais o cliente decide se quer ou não ficar com ele;
- Ofertas incluídas – por exemplo: oferta de seguro de responsabilidade civil com abertura de conta à ordem;
- Aumento de quantidade – por exemplo: dois cartões pelo preço de um como no caso dos Cartões Gémeos do Millennium bcp;
- Oferta de objetos colecionáveis – por exemplo oferta de uma peça de um serviço Vista Alegre na compra de qualquer produto de uma dada lista;

- Concursos, jogos e sorteios – realização de eventos que distribuem prémios a Clientes;
- Upgrades – acesso a uma oferta de maior valor pela compra de uma de menor valor. Por exemplo oferta de um cartão preto da American Express na compra de um cartão verde.
- Tie-In promotions – promoção conjunta de dois ou mais produtos.

Entre as promoções baseadas na diminuição do preço temos:

- Descontos diretos – redução direta do preço do serviço. É normalmente necessário justificar o desconto para poder mais tarde repor o preço normal;
- Descontos indiretos no produto principal – redução do preço de um produto principal na compra de um outro produto (por exemplo: redução na taxa de juro do Crédito à Habitação pela aquisição de um seguro de vida);
- Descontos indiretos em produto secundário – redução do preço de outro serviço na compra do produto principal (redução do prémio de um seguro de responsabilidade civil a quem contratar um seguro automóvel);
- Descontos condicionados – redução do preço de um produto condicionada ao seu uso (por exemplo: desconto no preço de um cartão se este for usado regularmente durante um período de tempo);
- Oferta de cupões – oferta de cupões que permitem descontos na compra de produtos. Os cupões podem ser oferecidos, adquiridos ou merecidos (pela compra ou pelo uso frequente de produtos);
- Cash-refunds – devolução de parte do preço pago;
- Programas de Fidelização – atribuição de pontos acumuláveis pela compra de produtos ou pela sua utilização frequente. Os pontos podem depois ser trocados por prémios, produtos ou descontos.

O PONTO DE VENDA

A distribuição dos produtos financeiros é assegurada por uma miríade de canais dos quais se destacam os seguintes:

- Sucursal também muitas vezes designada por agência, dependência ou balcão
- Internet
- Máquinas automáticas
- Telefone
- Forças de Vendas Móvel
- Distribuição independente

Sucursal

Apesar de todas as previsões a Sucursal continua a ser o principal canal de distribuição de serviços financeiros. A conveniência, a interação pessoal, a segurança, a necessidade de tangibilização, explicam o porquê da sucursal física se manter dominante em tempos em que as novas tecnologias parecem oferecer uma alternativa mais atrativa, rápida e barata.

O Cliente, mesmo o mais sofisticado e tecnologicamente desperto, dá extrema importância ao seu dinheiro, pelo que a escolha dos serviços financeiro envolve geralmente um esforço cognitivo grande e exige a colocação de um importante nível de confiança na entidade escolhida. O contato pessoal é, nestes casos, vital no processo de tomada de decisão. Não admira então que a sucursal continue a ser o canal de distribuição por excelência.

A localização das sucursais, mais do que a de outros canais de distribuição, é essencial. Ela deve estar absolutamente alinhada com a estratégia definida, com os segmentos a servir e com posicionamento da empresa- Deve também ser consistente com os restantes 6 Ps da oferta. Implantar uma sucursal de Private Banking num bairro de classe operária é um absurdo, tal como o será abrir uma agência de transferência internacional de dinheiro num bairro chique habitado unicamente por nacionais.

A localização dos pontos de venda deve ser bem escolhida porque tem efeitos a longo prazo na procura, nos custos e nos resultados da empresa de serviços financeiros. A dimensão do mercado, a facilidade de acesso, a presença de concorrentes, a dimensão e configuração do espaço, o custo previsto, são fatores a ter em conta na escolha da melhor localização de uma sucursal.

Uma Sucursal tem custos em termos de preparação do espaço, de infraestruturas de segurança e de comunicações, de encastração de equipamentos de self-service, que só a médio/longo prazo podem ser recuperados. Um erro de localização é, em geral, um custo não recuperável.

As sucursais podem ser do tipo generalista ou especializadas. As sucursais especializadas podem por seu turno sê-lo por linha de produto, exemplo sucursais dedicadas ao Crédito à Habitação, postos de câmbio, ou por segmento de Clientes.

A Sucursal tangibiliza o serviço e é a materialização da imagem da instituição. As cores, o mobiliário, a sinalética, a arrumação dos espaços de autosserviço (self-service) e de serviço, o som ambiente, os cheiros contribuem para a experiência de serviço do Cliente.

Todos sentidos estão envolvidos na apreciação que os Clientes fazem do serviço recebido. Por isso é tão difícil a sucursal ser destronada por outros canais de distribuição.

A gestão do fluxo dos Clientes na Sucursal, evitando as esperas inúteis e acima de tudo as esperas inativas (em períodos de espera inativa o tempo tende a alongar-se criando uma experiência aborrecida e desagradável), impedindo a audição de conversas pessoais, evidenciando os trajetos adequados, apoia o Cliente e promove a sua satisfação. Iniciativas como a colocação de televisores, a disponibilização de zonas para crianças ou áreas com wi-fi, contribuem para a boa gestão de fluxos em Sucursais muito movimentadas.

Internet

A internet é ainda na segunda década do século XXI um meio que em Portugal está restrito a um grupo minoritário, embora crescente, de portugueses. Com esta limitação, a internet não é um canal de distribuição adequado para segmentos muito vastos do mercado.

A tradicional segmentação com base nos rendimentos ou patrimónios torna-se inoperativa quando queremos construir uma estratégia de distribuição com base na internet. Em muitos casos assiste-se a um conflito entre a segmentação adotada pela empresa de serviços financeiros e o papel que se quer atribuir à internet.

Em países como Portugal em que os índices de escolaridade são baixos, em que o acesso às novas tecnologias é ainda muito restrito, em que a e-literacia é elevada, qualquer estratégia vencedora ao nível da utilização da internet nos serviços financeiros implica uma ampla reformulação da segmentação com a incorporação de variáveis psicográficas que permitam separar os vários tipos de utilizador das novas tecnologias de informação.

As empresas de serviço financeiro, nomeadamente os bancos, ainda não deram esse passo, preferindo manter a segmentação tradicional.

Por exemplo no segmento de maiores rendimentos servido tradicionalmente por ofertas de Private Banking não é raro encontrarmos grupos numerosos de Clientes seniores cuja relação com as novas tecnologias é muito ténue, embora no mesmo segmento os mais jovens tenham uma interação com estas tecnologias muito intensa. Uma estratégia de comunicação por e-mail e de disponibilização de informação através da internet funciona bem no segundo grupo e muito mal no primeiro. Em termos práticos atuam, face às novas tecnologias, como dois segmentos diferenciados, trata-los como um segmento homogéneo não é, pois, eficiente.

Temos visto, no mercado português, este tipo de erro ser repetido por vários bancos de grande dimensão sem que a lição seja apreendida e assimilada.

Máquinas Automáticas

As máquinas automáticas asseguram em Portugal uma parte considerável do serviço bancário a clientes. Levantamentos em numerário, depósito de numerário e de cheques, dispensa de cheques personalizados, emissão de extratos, comprovativos de movimentos e de saldos, pagamentos de serviços, transferências de fundos, constituição de Depósitos a Prazo, pedidos de crédito, muitas são as operações que os Clientes podem executar nestas máquinas.

Localizadas no exterior das sucursais ou isoladamente em espaços de grande trafego de peões, i.e. centros comerciais, hospitais, repartições públicas, centros desportivos, estas máquinas constituem um canal de autosserviço (*self-service*) para as transações mais indiferenciadas.

O facto de os Clientes substituírem os funcionários das empresas de serviços na execução do serviço torna este canal consideravelmente mais barato do que a alternativa de uso de uma sucursal. Por essa razão os serviços prestados por máquinas são tradicionalmente muito mais baratos ou mesmo gratuitos.

É um excelente canal de distribuição para transações indiferenciadas em que a conveniência horária é muito valorizada pelos Clientes (as máquinas funcionam 24 horas por dia). Também funcionam bem como veículo publicitário de mensagens mais simples e diretas.

Não funciona em todas as situações em que a componente de aconselhamento ou de interação pessoal é importante para o Cliente.

Telefone

Nas últimas décadas assistimos à ascensão e queda dos centros de contatos telefónicos (*call centers*) como canais de distribuição de serviços financeiros.

O telefone como canal de distribuição tem duas vertentes distintas de acordo com quem origina a chamada se o Cliente (*inbound*) se a empresa (*outbound*). As chamadas recebidas tendem a ser contactos de serviço, inquérito de saldos e movimentos, transações básicas como transferências e pagamentos. As chamadas efetuadas (*outbound*) tendem a ser conversas comerciais, quer de pós-venda quer de venda.

Houve um momento durante os anos 90 do século XX em que proliferaram pelo mundo fora os Bancos telefónicos de serviço completo (*stand alone*), de que o Banco 7 foi um dos pioneiros na Europa. Estes bancos ofereciam um serviço de qualidade a custos moderados porque evitavam os pesados custos das infraestruturas físicas.

A par com estes bancos dirigidos a segmentos mais sofisticados do mercado, pululavam também linhas telefónicas destinadas à generalidade dos Clientes e onde se podia efetuar basicamente os mesmas transações do que nas máquinas automáticas. Estes serviços podiam ser assegurados por pessoas ou mesmo por sistemas automáticos alguns dos quais apoiados em sistemas de reconhecimento de voz (VRS).

Números verdes (em que o custo da chamada é grátis para o Cliente), azuis (em que o Cliente paga apenas o custo de uma chamada local), de valor acrescentado (em que o Cliente paga mais do que o custo de uma chamada local), proliferavam e não havia anúncio, folheto, ou peça publicitária que os não incluísse em local de grande destaque.

Atingido o seu zénite na primeira década do século XXI, o telefone tem vindo a ser gradualmente substituído pela internet por quem pretende uma interação mais rápida e direta com o seu prestador de serviços financeiros.

Hoje os serviços telefónicos, principalmente os de venda ou pós-venda tendem a ser prestados, em regime de subcontratação (*outsoucing*), por empresas especializadas e os serviços transacionais maioritariamente assegurados por sistemas de resposta automática.

As últimas gerações dos telefones móveis integrando múltiplas funcionalidades têm potencial para revitalizar o telefone como canal de distribuição de serviços financeiros, mas mais pela sua vertente de acesso à internet do que pela vertente telefónica de interação humana.

Muitos bancos oferecem hoje programas informáticos para instalação nos telefones móveis, as chamadas aplicações ou apps (App abreviatura da expressão anglo-saxónica *application software*), que possibilitam ao cliente executar uma série de transações financeiras de forma segura.

Forças de Venda móveis

As empresas de serviços financeiros recorrem também a forças de vendas externas para a colocação dos seus produtos e serviços. Incluem-se nesta categoria os angariadores, os mediadores, os agentes, que sendo externos à empresa vendem os produtos da empresa.

Estes angariadores podem ser individuais ou pessoas coletivas. Neste último caso estão entre outras as imobiliárias (que colocam Crédito à Habitação), as firmas de contabilidade (que captam clientes e negócio para bancos e seguradoras).

Distribuição independente

Nos últimos anos em alguns mercados temos assistido ao crescimento de uma nova modalidade de distribuição de serviços financeiros: o modelo de promotores.

Em Portugal o banco alemão Deutsche Bank foi pioneiro numa estratégia de criação de uma rede independente de promotores.

Esta modalidade está regulada pela Instrução n.º 11 de 2001 do Banco de Portugal e nas suas alterações posteriores.

A atividade de promoção só pode ser exercida por pessoas singulares. Os promotores devem ser claramente identificados como tal e não podem realizar "quaisquer operações bancárias e financeiras, bem como o recebimento ou entrega de quaisquer valores"[28].

Quando o promotor tenha um estabelecimento comercial a instrução determina que: "As instalações não poderão confundir-se com sucursal ou agência da instituição representada, nomeadamente pela sua imagem, logotipo ou outra identificação característica, quer exterior quer interior" e que "Ao exterior do estabelecimento, deverá ser colocada uma placa que contenha, com a mesma visibilidade, a palavra 'Promotor', a referência à instituição representada e a menção: 'Não autorizado a realizar operações bancárias'"[29].

Os promotores são uma forma eficaz de alargar o alcance de distribuição de instituições que pretendam crescer com flexibilidade e sem se comprometerem com investimentos elevados na criação de uma rede de distribuição proprietária.

OS PROCESSOS

Os processos nas empresas de serviços financeiros estão hoje muito ancorados em soluções informáticas desenhadas para apoiar operacionalmente o negócio. Estas soluções são elas próprias maioritariamente produtos padronizados vendidos por empresas de *software* internacional.

Muitos dos processos estão hoje completamente padronizados. Apenas nos segmentos mais elevados do mercado há lugar para alguma costumização de procedimentos, mas mesmo essa é reduzida na medida em que as transações envolvidas tenham de ser integradas em circuitos operacionais interbancários e ou estejam regulados e certificados.

---

[28] Instrução n.º 11 de 2001 do Banco de Portugal.

[29] Instrução n.º 11 de 2001 do Banco de Portugal.

Por exemplo o circuito da cobrança de um cheque depositado num banco e sacado sobre outro para ser eficiente e manter níveis de serviço rápidos e confiáveis tem de estar perfeitamente definido e acordado entre os bancos e as autoridades. Qualquer exceção seguramente levará a um nível de serviço de pior qualidade, mais lento, com maior probabilidade de erro, do que aquele que se obtêm seguindo os procedimentos padronizados. Assim na maioria dos casos não existe verdadeira vantagem na costumização de muitos processos.

Noutro extremo o investimento em bolsa está também assente numa plataforma transacional partilhada que deixa muito poucos graus de liberdade às empresas de serviços financeiros em termos de processamento.

A simplificação operacional, a redução da carga burocrática que pesa sobre o Cliente, a maior rapidez de decisão e processamento são ingredientes muito importantes nos produtos e serviços. E apesar de tudo existem ainda algumas áreas em que as empresas de serviços financeiros podem ainda diferenciar-se a este nível.

Nesses casos é importante dar atenção às seguintes dicotomias na fase de desenho dos processos:

- Centralização versus descentralização
- Padronização versus costumização
- Segurança versus risco
- Automação versus intervenção humana
- Controlo apertado versus responsabilização

Normas e Regulamentos

As regras internas descrevendo os procedimentos associados a cada tipo de operações são normalmente compiladas em manuais ou livros de procedimentos.

Os Departamentos de Marketing em conjunto com outras áreas internas definem, para cada produto, os procedimentos a observar na sua comercialização e operacionalização.

Estes procedimentos são limitados por regras definidas por autoridades portuguesas e por instituições internacionais algumas das quais estão consagradas em tratados internacionais (como a Lei Uniforme relativa ao Cheque)

Normas internacionais

As normas internacionais mais conhecidas e respeitadas são as que são emitidas pela Organização Internacional de Normalização, conhecida pela sigla ISO da sua designação em inglês (*International Organization for Standardization*). A ISO criada em 1947 tem sede na Suíça, desenvolve padrões que permitem quando adotados voluntariamente pelos diversos países a normalização dos produtos e dos procedimentos facilitando o comércio internacional. Em Portugal o Instituto Português da Qualidade (IPQ) assegura a nossa representação junto da ISO.

A ISO atua em várias frentes, algumas das quais com grande relevância para a atividade financeira, nomeadamente na fixação de códigos identificativos de países, moedas, na harmonização de sistemas de codificação de contas bancárias (IBAN), de valores mobiliários (ISIN), de entidades bancárias e outras (BIC), de instrumentos financeiros (CFI) e na fixação de sistemas de segurança na transmissão de mensagens entre empresas de serviços financeiros (Universal financial industry message scheme).

O desenho de procedimentos nas empresas financeiras o cumprimento das normas ISO, especialmente as agrupadas na Classificação Internacional de Padrões (ICS) número 03 060 referente a "Finanças. Banca. Sistemas Monetários. Seguros" é inescapável.

PT DE PORTUGAL

Estamos habituados a que no final dos endereços de sítios da internet portugueses surja a abreviatura PT que identifica o nosso país. Mas de onde vem esta popular terminação?

A ISO desenvolveu um importante padrão internacional o **ISO-3166-1** que a cada país atribui um código alfabético. Alguns exemplos:

- Alemanha - **DE**
- Angola - **AO**
- Brasil - **BR**
- Cabo Verde - **CV**
- China - **CN**
- Dinamarca - **DK**
- Espanha - **ES**
- Estados Unidos - **US**
- França - **FR**
- Grécia - **GR**
- Moçambique - **MZ**
- Polonia - **PL**
- Rússia - **RU**
- Suécia - **SE**
- Túnisia - **TN**
- Ucrânia - **UA**

Certificação

Os processos internos podem ser certificados por entidades externas que atestam sobre a empresa de serviços financeiros cumpre os requisitos definidos nas normas nacionais e internacionais.

Uma das mais populares certificações de procedimentos internos em empresas de serviços financeiros é a certificação de qualidade com base na extensa família de padrões ISO-9000.

Estes padrões obedecem a oito princípios principais:

1. Foco no Cliente
2. Liderança interna
3. Envolvimento dos colaboradores
4. Abordagem de processo

5. Abordagem de sistemas à gestão
6. Melhoria continua
7. Tomada de decisões assente em factos
8. Relações com fornecedores mutuamente benéficas

Em Portugal, ao contrário do que se verifica noutros mercados, apenas um conjunto muito limitado de bancos e de seguradoras estão certificadas em termos ISSO-9000. Há nesta frente muito trabalho ainda por fazer.

PESSOAS

As pessoas são essenciais nos serviços financeiros. Principalmente aquelas que exercem funções fronteiriças, isto é as que estão em contato com o exterior, com o mercado e com os Clientes. Nos serviços financeiros existem muitas "funções-fronteiriças" ou, numa linguagem mais militarizada, funções de "linha da frente".

Entre as "funções-fronteiriças" temos entre outros os caixas, os gerentes de conta ou de clientes, os colaboradores das sucursais. Estas funções asseguram a um tempo a representação da empresa junto dos clientes, são os seus verdadeiros embaixadores, e a transmissão de informação da empresa para o mercado e do mercado para a empresa. Devem estar treinados e preparados para desempenhar estas duas importantes tarefas.

Profissionalismo

O domínio dos produtos, dos processos e das técnicas são ingredientes básicos do profissionalismo. Mas o grande teste está na capacidade de mobilizar esses conhecimentos ao serviço dos Clientes e da empresa de serviços financeiros.

A formação regular, o acompanhamento sistemático dos novos produtos lançados pela empresa e pala concorrência, a assertividade do discurso, mantendo-se no domínio dos factos permitem desenvolver o profissionalismo.

O profissionalismo inclui também a capacidade e a vontade de executar o serviço com rapidez e sem falhas.

Fazer bem à primeira e no tempo esperado pelo cliente é uma característica do profissional. A criação de espectativas corretas, não prometendo o que se não pode entregar, é um elemento-chave do profissionalismo.

Aparência

A aparência deve ser cuidada e aprumada. A roupa limpa, o cabelo penteado, a postura direita.

A aparência dos colaboradores tem um grande impacto na perceção dos Clientes. A forma de vestir, o hábito faz o monge, e a postura são importantes formas de comunicação não-verbal. Por isso muitas empresas de serviços financeiros têm códigos de vestuário (*dress codes*) mais ou menos formais, mais ou menos detalhados e promovem ações de formação sobre temas relevantes como a postura mais correta e sobre a linguagem corporal.

UM EXEMPLO SUÍÇO

A União de Bancos Suíços, UBS, é um dos bancos mais conceituados do mundo, conhecida pela excelência e consistência do seu serviço.

Esta instituição adotou um código de vestuário, masculino e feminino, flexível mas uniformizado e obrigatório. Trata-se de documento muito detalhado que vai ao pormenor de definir qual o tipo de nó que os lenços das senhoras devem ter e de explicar como deve ser feito. A importância dos detalhes confirma-se na profusão de normas referentes a sapatos, cintos, joalharia, etc.

O código foi muito controverso mas contêm regras de bom senso e bom gosto muito úteis para qualquer profissional.

Que joias usar?

O Código da UBS aconselha a nunca usar mais de sete peças em simultâneo. A aliança, o relógio, os dois brincos, o colar, outro anel e uma pulseira são a coleção ideal para uma senhora.

Tatuagens sim ou não?

A decisão de as ter é individual. Mas exibir tatuagens é considerado inapropriado em ambiente de negócio pelo que se pede que sejam cobertas por peças de vestuário.

UM EXEMPLO SUÍÇO (cont.)

Quando cortar o cabelo?

O Código aconselha os homens a cortar o cabelo a cada quatro semanas, o que é considerado um mínimo em termos de higiene. Ao pintar o cabelo é importante ter em conta o grau de envelhecimento da pele para que o contraste não seja desagradável.

Que cor para o fato?

São aconselhadas apenas três cores: antracite escura, preto ou azul-escuro. Sempre que se esteja de pé o caso deve estar abotoado até ao último botão (exclusive). O último botão inferior deve sempre estar desabotoado.

Confiança

A confiança dos clientes ganha-se através do cumprimento rigoroso e atempado de tudo o que se prometeu. A confiança ganha-se através do desempenho regular e consistente.

Os Clientes estão em geral dispostos a confiar naqueles que se mostram capazes de, repetidamente, lhes resolver os problemas. Problemas são necessidades que os Clientes sentem mas que ou não sabem como supri-las ou que para as satisfazer precisam de ajuda.

A confiança resulta então da experiência positiva repetida. É por isso que a rotação, interna e externa, de colaboradores pode ter um impacto negativo na confiança, e consequentemente no negócio.

Na indústria de serviços financeiros uma das formas mais comuns de conquista de clientes é a da contratação de comerciais de empresas concorrentes. Criado um laço de confiança, muitos clientes preferem continuar com o mesmo Gerente de Conta e mudar de banco do que mudar de Gerente de Conta e manter o banco.

Trabalho emocional

O trabalho emocional é aquele que requer do trabalhador a exibição de certas emoções. O caixa que deve estar sempre bem-disposto, mesmo se na semana anterior tenha morrido um familiar chegado, o gerente de

Cliente que tem de acolher todos os seus clientes calorosamente mesmo que a sua mulher o tenha deixado nessa manhã, o Gerente de uma sucursal que não pode deixar de sorrir ao cumprimentar todos os clientes mesmo que o seu filho tenha acabado de chumbar no exame de acesso à universidade, são forçados a moldar as suas emoções às exigências da profissão.

E a não ser que o trabalhador seja um ator de primeira água, as emoções exibidas não podem ser fingidas, porque logo seriam vistas como falsas pelos seus interlocutores, têm de ser genuínas, sentidas, verdadeiras.

BIBLIOGRAFIA

Becker, Gary e Kevin M. Murphy (1993), "A Simple Theory of Advertising as a Good or Bad" in The Quarterly Journal of Economics, pp 941-963.

Brown. Shona L. e Kathleen M. Eisenhardt (1995), "Product Development: Past Research, Present Fidings, and Future Diretions" in Academy of Management Review, Volume 20, Número 2, pp 343-378.

Cronin, J. Joseph e Steven A Taylor (1992), "Measuring Service Quality: A Reexamination and Extension" in Journal of Marketing, Volume 56, Número 3, pp 55-68.

Gardner, David M (1986), The Product Life Cycle: It's Role in Marketing Strategy/Some Evolving Observations About the Life Cycle, Faculty Working paper No. 130, 4Illinois, University of Illinois Urbana-Champaign.

Grant, Joel (2011), Liquidity transfer pricing: a guide to better practice, Occasional Paper, Financial Stability Institute.

Grunig, James E. e Todd T. Hunt (1984), *Managing Public Relations*, New York, Rinehart & Winston.

Hoyer, Wayne D. e Rajesh Chandy, Matilda Dorotic, Manfred Krafft e Siddhart S. Singh (2010), "Consumer Cocreation in New Product Development" in Journal Of Service Research, Volume 13, Número 3, pp 283-296.

Marn, Michael V. e Robert L. Rosiello (1992), "Managing Price, Gaining Profit", Harvard Business Review, Setembro – Outubro, pp 84-94.

Parasuraman, A., Valarie A. Zeithaml e Leonard L. Berry, SERVQUAL: A Multiple--item Scale for Measuring Consumer Perceptions of Service Quality (1988), Journal of Retailing, Volume 64, Número 1, pp 12-40.

Regulation (EU) No 1093/2010 of the European Parliament and of the Council of 24 November 2010 establishing a European Supervisory Authority (European Banking Authority), amending Decision No 716/2009/EC and repealing Commission Decision 2009/78/EC.

Rink, David (1979), "Product Life Cycle Research: A Literature Review" in Journal of Business Research, pp 219-242.

SalomiI, Gilberto Gabriel Eid, Paulo Augusto Cauchick MiguelII e Alvaro José AbackerliIII (2005), "SERVQUAL x SERVPERF: comparação entre instrumentos para avaliação da qualidade de serviços internos" in Gestão e Produção, volume 12, n.º 2.

Slater, John (202) "Modern Public Relations" in Sixth International Symposium for Olympic Research, pp 149-160.

Song, Jae H. e Carl R. Adams (1993) "Differentiation through customer involvement in production or delivery" in Journal of Consumer Marketing, Volume 10, Número 2, pp.4-12.

UBS Dress Code, http://www.serviceteam.co.uk/diy_articles/2010_ubs%20 dressguide_e1.pdf, acedido a 1 de Março de 2013.

Verhelst, Stijn (2011), Renewed Financial Supervision in Europe – Final or Transitory?, Bruxelas, Egmont paper n.º 44, Academia Press.

VI

Gerir uma Oferta

VALOR DE UM POOL DE CLIENTES

Transformar em valor o seu conjunto de Clientes é a missão de qualquer empresa de serviços financeiros. Sem criar valor para os acionistas, clientes, empregados e demais partes interessadas a empresa perde a sua razão de existência.

Vamos analisar aqui quatro formas de extrair mais valor de um conjunto de clientes: a venda cruzada (*cross-selling*), o aumento de gama (*Upselling*), a gestão de contrapartidas e a retenção de clientes,

Venda cruzada

A venda cruzada ou cross-selling consiste na venda de produtos adicionais aos atuais Clientes.

As campanhas de cross-selling têm historicamente taxas de êxito de cerca de 2% nos três meses após o contato com o grupo alvo.

Sistema interno de Referências

O sistema de referências interno – informação sobre potenciais clientes interessados num dado produto – é essencial para um eficaz cross-selling. Este sistema é crucial para que se não percam excelentes oportunidades, nomeadamente quando elas ocorrem em áreas diferentes da organização. Por exemplo uma venda de uma importante quota numa sociedade efetuada pelo departamento de Fusões e Aquisições da Banca de Investimento pode ser uma magnífica oportunidade para o Private Banking captar recursos e investimentos. Mas se não houver referência o Private Banking não saberá da transação e não atuará desperdiçando o negócio. Mas mesmo no interior da mesma divisão as referências não fluem espontaneamente, pelo que sem um sistema explícito com incentivos associados elas serão sempre marginais e o volume de negócio perdido muito significativo.

O Contacto regular com o Cliente

Mas o cerne do cross-selling é o contacto regular com o Cliente. As campanhas podem ajudar num ou noutro momento a focar nas oportunidades mais óbvias e descuradas, mas nada substitui o contacto regular com o Cliente como fonte de cross-selling.

Em Portugal a maioria das campanhas de cross-selling incluem um elemento de promoções de venda o que ajuda o comercial experiente a concretizar a venda a potenciais clientes que identificou anteriormente. Por isso muitas vezes o grosso das vendas de uma campanha de cross-selling é efetuado a clientes que não constam da lista de prospetos. É, pois, importante separar o efeito promoção de venda do efeito de escolha de prospetos.

Por outro lado essa situação levanta a questão de que prospetos selecionar, os que têm apetência pelo produto ou os que são sensíveis a promoções? Muito provavelmente os dois.

O grande perigo nesta área é substituir o livre contacto regular entre o comercial e o cliente pelo contacto muito dirigido (com um objetivo de cross-selling muito específico).

Aprender medindo

Em Portugal não existe ainda o hábito de medir rigorosamente os resultados destas ações o que não permite aferir com rigor a sua relação custo-benefício. No entanto o desenho e o custo de muitas ações levadas a cabo no mercado de serviços financeiros português são indícios claros que serão fonte de prejuízos se atendermos aos proveitos potenciais com vendas a 2% da base de Clientes envolvidos.

Por outro lado ao não medir os resultados as empresas não aprendem a distinguir o que funciona do que não resulta, caindo nos mesmos erros repetidamente.

Esta é uma área em que as instituições financeiras portuguesas ainda têm um caminho a percorrer para atingir um nível de excelência.

Perigos do Cross-selling

O cross-selling não tem só benefícios, também tem perigos e riscos associados.

Um dos maiores perigos do cross-selling é o de por em perigo a relação principal do Cliente com a instituição por causa do produto adicional vendido.

Uma situação por que alguns bancos portugueses já passaram: um bom cliente com um volume de depósitos a prazo é abordado para comprar Fundos de Investimento. Uma quebra dos mercados financeiros desvaloriza as unidades de participação do Fundo adquirido pelo Cliente. O Cliente insatisfeito muda de banco levando todo o seu negócio para outra instituição. Terá valido a pena o esforço de cross-selling? Provavelmente não. Terá sido inicialmente ponderado o risco de perca do Cliente? Provavelmente também não.

Algumas empresas de seguros de ramos reais evitam que os responsáveis das empresas suas clientes sejam pessoalmente seus clientes para evitar que algum pequeno incidente, um conflito sobre uma indemnização por exemplo, possa pôr em causa o contrato principal com a empresa.

Aumento de gama

Prática que consiste em oferecer ao cliente uma opção de mais valor do que o do serviço que contratou inicialmente. Por exemplo, oferecer um cartão dourado a um cliente que inicialmente adquiriu ou se mostrou interessado num cartão de crédito clássico.

Versellis (2009) tem uma definição que capta a essência do upselling como uma atividade que visa persuadir "o cliente a comprar um produto ou serviço de nível superior, com mais funcionalidades para o utilizador e mais rentável para a empresa"[30].

Esta prática tem vantagens claras para as empresas de serviços financeiros na medida em que permite aumentar o volume de vendas, incrementar a rentabilidade e, se bem feito, aumentar a lealdade do cliente. Para o Cliente o upselling tem também vantagens que se traduzem num maior ajuste do produto às suas necessidades e no acesso a um leque mais extenso de benefícios e a uma qualidade superior.

As técnicas de upselling incluem:

- Add-ons – benefícios adicionais vendidos separadamente que acrescentam valor à oferta base;
- Promoções – por exemplo colocando um produto melhor por um preço temporariamente igual ao de um produto normal. Exemplo: troque o seu cartão clássico para um dourado e pague a mesma comissão durante um ano.
- Precários triangulados – apresentando três gamas de produto: baixa, média e alta. O preço da gama mais alta é substancialmente superior ao da gama média embora as suas características sejam semelhantes. Por outro lado o preço da gama média é apenas um pouco superior ao da gama baixa. Cria-se assim uma situação em que o cliente habitual da gama baixa pode escolher a melhor qualidade preço que claramente se situa na gama média.

---

[30] *"a customer to purchase a higher-level product or service, richer in functions for the user and more profitable for the company"*, Versellis (2009).

Upselling ou Upsetting?

Como reagem os clientes a propostas de upselling que geralmente implicam um gasto superior ao inicialmente previsto? Ficam agradados ou desagradados?

Wibke Heidig estudou as reações de clientes confrontados com propostas de upselling tendo concluído que quanto maior o esforço emocional e intelectual posto pelo cliente na sua escolha inicial menos está disposto a aceitar uma proposta de upselling ficando preso da sua primeira opção. Inversamente se a escolha inicial foi feita sem grande esforço cognitivo o Cliente estará mais predisposto a aceitar uma oferta de upselling.

No entanto a forma como o *upselling* é apresentado ao Cliente tem uma forte influência na decisão final. No caso dos Clientes presos à primeira opção se a proposta de *upselling* for formulada de forma negativa, pondo em evidência as desvantagens da oferta inicial, a probabilidade de aceitação aumenta significativamente.

Por outro lado os clientes que não efetuaram um grande esforço cognitivo quer uma formulação positiva que destaque as vantagens da oferta *upselling*, quer uma formulação negativa são igualmente eficientes. Assim a formulação negativa é superior por de maior espectro do que a formulação positiva.

Heidig descobriu ainda que a formulação negativa permite, *ceteris paribus*, um maior diferencial de preço entre a oferta inicial e a oferta melhorada.

Gestão de Contrapartidas

Quando um banco concede um crédito ou atribui uma boa taxa a um depósito, negoceia contrapartidas com os Clientes. Essas contrapartidas materializam-se em negócio adicional entre as duas partes ou entre o banco e terceiros.

Assim por exemplo se um banco financia um importante empreendimento pode negociar como contrapartida que os seguros se façam através da sua seguradora, ou que se apliquem no banco os seus excedentes de tesouraria do projeto.

Na concessão de um Crédito à Habitação a oferta de uma taxa de juro particularmente atrativa pode significar que o Cliente se compromete a manter um cartão de crédito, um seguro de vida, um seguro multirrisco e um depósito junto do grupo financeiro do seu banco.

As contrapartidas podem também ser obtidas pela cooperação do Cliente junto de terceiros. Por exemplo quando um banco procura abrir contas ordenado aos empregados de uma empresa sua Cliente.

Assim aquando da contratação de produtos importantes, nomeadamente em Clientes Empresa ou Particulares de elevados rendimentos, é comum a negociação de um conjunto de outros produtos a contratar imediatamente ou no futuro. Ambas as partes aproveitam a importância e o peso da transação particular para estabelecer condições para o seu relacionamento global durante um período mais ou menos prolongado.

Negociação

Nestas negociações os comerciais da empresa de serviços financeiros devem conhecer bem as necessidades financeiras do Cliente a fim de procurarem fazer uma oferta competitiva completa.

Em alguns casos ficam estipuladas penalizações para a eventualidade de qualquer das partes incumprir as contrapartidas negociadas.

Acompanhamento

Depois de negociadas é necessário um acompanhamento rigoroso do cumprimento das contrapartidas, no sentido de poder concretizar todas as oportunidades oferecidas pelo Cliente. Uma revisão periódica conjunta com o Cliente reforça o relacionamento e permite uma gestão eficaz das contrapartidas.

Retenção de Clientes

Como em todas as indústrias, nos serviços financeiros os Clientes trocam o seu fornecedor por outro quando este os dececiona ou quando outros fornecedores o seduzem com ofertas mais ajustadas ao seu perfil. Em Portugal todos os anos centenas de milhares de Clientes trocam o seu banco ou a sua seguradora por outro ou outra.

A este fluxo de saída chama-se na literatura especializada atrito (*attrition* ou **churn**) e pode ser medido pela taxa de atrito que se obtém dividindo o número de clientes que abandonam a empresa pelo total de clientes. Assim se uma sucursal tem no momento inicial 2.000 clientes e durante o ano saem 200 a sua taxa de atrito é de 10%. Note-se que a taxa de atrito é independente do facto que no mesmo período essa sucursal também ter captado novos clientes.

Assim no nosso exemplo para manter o mesmo número de clientes a sucursal teria de captar outros tantos clientes (200). No entanto o prejuízo causado pela saída não é compensado pelos proveitos dos novos clientes. Em primeiro lugar porque os novos clientes custam a captar, em termos de publicidade, de promoções, de pessoal alocado e porque depois de se tornarem clientes precisam de algum tempo para transferir o seu negócio para a sucursal que pouco a pouco lhes vai vendendo novos produtos.

Em termos de rentabilidade faz, então, sentido investir na retenção de clientes em vez de os deixar sair e de os substituir por novos clientes.

Vida média e sobrevivência

A partir da taxa de atrito pode-se calcular a **vida média do Cliente**. No nosso exemplo podemos ver que se a taxa de atrito se mantiver constante nos 10%, haverá uma rotação total dos clientes em cada 10 anos. O reverso da taxa de atrito é a taxa de sobrevivência que é calcula como:

$$\text{Taxa de sobrevivência} = 1 - \text{taxa de atrito}$$

No nosso exemplo a taxa de sobrevivência dos clientes era de 90%.

Atrito geracional

Muitas vezes é importante calcular a taxa de atrito de uma dada geração de clientes, isto é dos clientes captados num dado ano ou durante uma dada campanha.

O atrito geracional serve para medir o efeito de campanhas ou eventos ou simplesmente o efeito temporal do relacionamento.

Imaginemos que fazemos um grande investimento numa campanha promocional com oferta de valiosos brindes e captamos muitos clientes, mas que um ano depois desses clientes já não resta nenhum. Terá valido a pena o investimento? Que lições se poderão tirar para o futuro? Vale a pena repetir este tipo de ação?

Perceber o atrito

Perceber as razões que levam os Clientes a abandonar a empresa é condição necessária para que se possam combater essas causas. A realização de inquéritos telefónicos ou epistolares a Clientes logo após a sua saída revela-se uma fonte rica de conhecimento sobre as causas do abandono.

Um inquérito regular aos Clientes sobre a qualidade dos serviços recebidos e o seu grau de satisfação ajuda a antecipar problemas e a resolvê-los antes que levem a abandonos.

Combater o atrito

As empresas de serviços financeiros procuram reduzir o atrito com duas políticas essenciais: barreiras à saída e incentivo à manutenção:

Entre as políticas de barreiras à saída contam-se as seguintes ações:

- **Colocação de produtos fidelizantes** – dos quais o mais comum é o Crédito à Habitação, um crédito de longo prazo e cuja transferência para outras instituições acarreta custos legais e administrativos. Outro produto fidelizante é a domiciliação dos pagamentos das contas domésticas como à da água ou a da eletricidade.
- **Aumento do custo de saída** – penalizações por saída de produtos ou serviços. Existe penalizações no reembolso antecipado de créditos, no levantamento dos depósitos a prazo antes do fim do prazo, remoção de descontos se prazos não cumpridos, etc.

Entre as políticas de incentivo à manutenção contam-se as seguintes ações:

- **Prémios de permanência** – por exemplo aumento da taxa de juro de depósito a cada renovação.
- **Programas de Fidelização** – com pontos e prémios pela utilização regular dos serviços da instituição. Muito usado nos cartões de crédito.
- **Intervenção atempada** – intervindo junto do Cliente aos primeiros sintomas de abandono ou de indiferença. Estes sintomas incluem: reclamações, redução do número de transações, redução do volume de depósitos, não renovação de cartões, etc.
- **Criação de canais de comunicação de reclamações** – é sabido que os clientes que reclamam e resolvem o seu problema com rapidez e eficiência não só não abandonam a empresa como se transformam nos seus mais ardorosos defensores.
- **Manutenção de elevados padrões de qualidade e de atenção ao Cliente**

Prosseguindo uma política liberal de aumento da concorrência as autoridades europeias e nacionais têm vindo a proibir e a limitar muitas das ações que configurem barreiras à saída pelo que a opção mais segura para combater o atrito é através da oferta aos Clientes de incentivos à sua manutenção.

Atrito em Portugal e na Europa

Na Europa, segundo o Report on the Retail Banking Sector Inquiry da Comissão Europeia de 2007 apenas 5,4% a 6,6% dos clientes de contas de Depósitos à Ordem mudam de banco em cada ano. "De acordo com este estudo, o setor da banca é dos que apresenta menor mobilidade, na medida em que apenas 11% dos clientes mudaram de banco nos últimos 2 anos (valor que corresponde a pouco mais de metade do aferido para o setor dos seguros e telecomunicações, e ligeiramente superior ao nível registado no setor da energia)[31]".

[31] "Mobilidade no Setor da Banca a Retalho em Portugal", Banco de Portugal, 2009

No relatório do Banco de Portugal de 2009 "Mobilidade do Setor da banca de Retalho em Portugal" publica-se a taxa de encerramento de contas de Depósito à Ordem em Portugal (ver Figura 6.1)

FIGURA 6.1. – Taxa de encerramento de Contas Depósito à Ordem de Clientes individuais em Portugal

	2003	2006	2007
Taxa de Encerramento em número de Clientes	4,90%	4,10%	4,30%

Segundo o mesmo relatório "a longevidade média das contas de depósito à ordem de clientes particulares, em 2007, foi de 12,4 anos para o total de contas e de 11,8 anos se considerarmos apenas as contas ativas".

Em Portugal os clientes bancários muitas vezes não encerram formalmente as suas contas. Pura e simplesmente começam a utilizar outro banco e deixam de movimentar a sua conta anterior. A dimensão desse fenómeno é tal que o relatório do Banco de Portugal refere que 35% das contas consideradas no estudo são contas inativas, i.e. sem qualquer movimento durante mais de 12 meses. Assim aquela taxa de encerramento baixa esconde um atrito bem mais relevante.

CUSTOMER RELATIONSHIP MANAGEMENT (CRM)

A evolução da capacidade de computação veio permitir o tratamento de grandes quantidades de informação num espaço de tempo relativamente pequeno. Foi então possível construir enormes bases de dados informação sobre os clientes incluindo dados demográficos e dados transacionais.

As grandes empresas de serviços financeiros puderam a partir dos anos 90 a analisar detalhadamente os seus clientes. Nesta análise começaram a ser utilizados complexos modelos matemáticos que a partir do comportamento passado tentam prever comportamentos futuros e que comparando grupos com o mesmo perfil procuram detetar clientes que tenham lacunas na posse de produtos.

No início o CRM não passava da análise de bases de dados, usando modelos matemáticos, para prever comportamentos futuros e para atribuir graus de propensão à aquisição de produtos específicos aos clientes. Nesta primeira fase a ênfase estava na construção de bases de dados gigantescas, que aglutinavam toda a informação, por mais irrelevante que fosse, sobre os Clientes.

Cedo se percebeu porém que, apesar dos investimentos avultados na construção de autênticos armazéns de dados (*data warehouses*), a acumulação de dados sobre os Clientes não gera informação comercialmente relevante e que os modelos de análise utilizado eram demasiado simples para fornecerem informação comercialmente relevante.,

A atenção virou-se então para os modelos usados e um grande esforço foi feito para melhorar a robustez dos modelos e a sofisticação das técnicas utilizadas, A regressão logística e as redes neuronais são, hoje, os modelos as técnicas mais populares.

O modelo RFS é um dos mais usados para prever comportamentos futuros. Este modelo analisa quão **R**ecentemente o cliente comprou um dado produto/serviço, a **F**requência com que o compra e o valor **M**onetário de cada compra.

Mas como seria de esperar as técnicas matemáticas não podem dirigir uma empresa, nem substituir a sua estratégia. Por um momento o CRM pareceu uma técnica cara, sofisticada, apelativa mas sem verdadeira utilidade.

O CRM só ganhou verdadeiramente o seu lugar na caixa de ferramentas do Marketing quando foi posto ao serviço da estratégia da empresa, quando se subordinou aos objetivos da empresa, quando pode contribuir para a satisfação das necessidades dos Clientes.

Em Portugal os serviços financeiros são o campo privilegiado do CRM, pelo seu grande volume de clientes, pelo grande número de variáveis de que dispõem sobre cada cliente, pela sua forte capacidade de computação e pelo talento analítico que reúnem.

Embora integrado na estratégia de Marketing e, por conseguinte, mais útil o CRM continua a mostrar algumas limitações ao nível da previsão de compra e do apoio à decisão, embora forneça excelente informação de gestão, de apoio à segmentação e de análise comportamental.

ORGANIZAÇÃO DA FORÇA DE VENDAS

Tipos de organização da força de vendas

As forças de vendas podem organizar-se de 6 formas diferentes:

- Canais (Figura 6.2.)
- Geográfica (Figura 6.3.)
- Produtos (Figura 6.4.)
- Mercados/Segmentos (Figura 6.5.)
- Grande Contas (Figura 6.6.)
- Hibrida

Em Portugal as formas organizacionais mais comuns entre os grandes bancos são as de Segmentos e as Geográficas. Ao nível das seguradoras existe também uma tendência para uma organização por Produtos. Nas empresas mais pequenas ou geograficamente localizadas predomina a organização funcional.

FIGURA 6.2. – Organização de Vendas por Canais

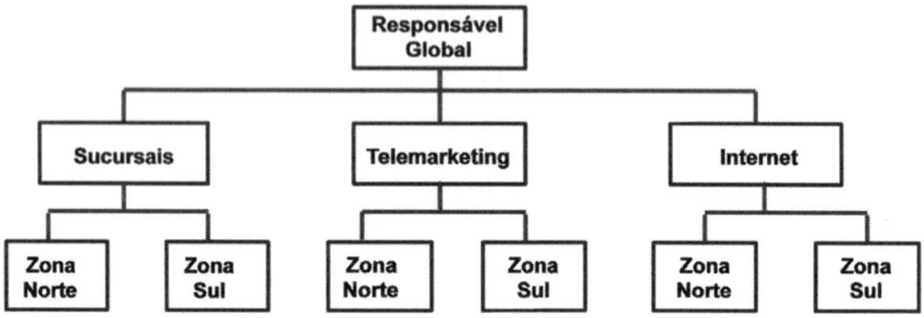
Responsável Global
Sucursais
Telemarketing
Internet
Zona Norte
Zona Sul
Zona Norte
Zona Sul
Zona Norte
Zona Sul

FIGURA 6.3. – Organização de Vendas Geográfica

Responsável Nacional
Zona Norte
Zona Centro
Zona Sul
Local 1
Local 2
Local 3
Local 4
Local 5
Local 6

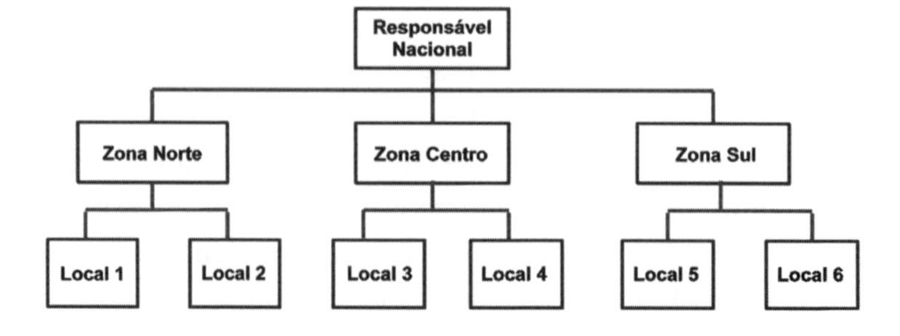

A organização geográfica é aquela que gera um custo mais baixo de cobertura e uma estrutura mais achatada, mas que em contrapartida dificulta ou impede a especialização em termos de Clientes e de Produtos.

FIGURA 6.4. – Organização de Vendas por Produto

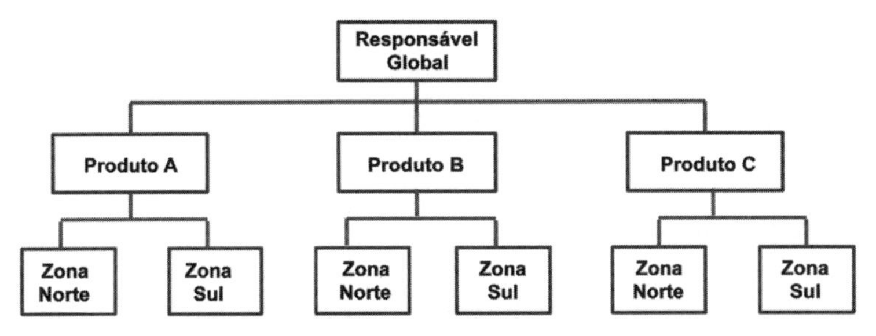

A organização por produtos, por exemplo Seguros de Vida e Seguros Não Vida, permite uma especialização e um domínio das características e benefícios dos produtos mas têm como contrapartida um maior custo fruto da duplicação geográfica e de Clientes.

FIGURA 6.5. – Organização de Vendas por Segmentos

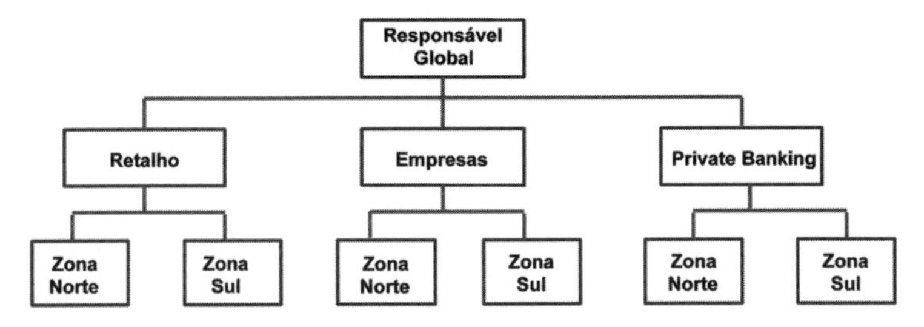

Organização especialista em Clientes permite um controlo sobre a venda de produtos. Tem como contrapartida um maior custo fruto da duplicação geográfica.

FIGURA 6.6. – Organização de Vendas por Contas

Aplicável quando existe um número de potenciais clientes limitado e que exige um grande acompanhamento. Pode ser usada no Investment Banking, nos Fundos de Investimento e na corretagem.

Estes vários tipos de organização podem ser combinados formando organizações hibridas. Por exemplo alguns bancos em Portugal combinam a organização funcional com a organização por segmentos, tendo os serviços de internet e telefónicos autonomizados ao primeiro nível a par de responsáveis por segmentos distintos.

Centralização versus *descentralização*

A introdução das tecnologias de comunicação e o desenvolvimento de sistemas capazes de processar rapidamente largas quantidades de dados veio permitir a centralização de várias funções anteriormente desempenhadas pelas sucursais bancárias.

Uma das funções centralizadas nos anos do virar do século foi a decisão de crédito. Critérios de decisão tradicionais como o conhecimento pessoal do Cliente, o seu historial com o banco, a sua reputação local, foram substituídos por outros teoricamente mais objetivos como o rendimento, a profissão, o estado civil, o grau de endividamento atual. De uma apreciação holística passou-se a decisão totalmente assente em dados concretos. Os programas de *credit scoring* passaram a ditar a decisão de crédito.

Com a decisão centralizada o comercial no terreno perdeu o poder de intervenção e puderam ser nomeados responsáveis pelos balcões pessoas menos qualificadas e pessoas que não conhecessem o mercado onde atuavam, reduzindo os custos de distribuição.

No tempo de vacas gordas os sistemas automáticos pareceram funcionar de forma tão boa ou melhor do que a tradicional. No entanto quando a crise iniciada em 2007 começou a dar os primeiros sinais as debilidades dos novos sistemas tornaram-se evidentes. O nível do crédito mal parado cresceu exponencialmente sendo uma das causas da necessidade de recapitalização do setor bancário que depois veio a ocorrer mais tarde em vários momentos. Uma mais prudente decisão de crédito teria evitado tão grandes males. Naturalmente que prognósticos depois do jogo são fáceis de fazer, mas fácil é também não aprender com os erros passados e voltar a cometê-los.

Serviço Personalizado: sim ou não?

A personalização ou não do contacto comercial deve obedecer a dois imperativos: as necessidades dos clientes a possibilidade de rentabilizar um modelo de negócio assente na personalização do contato.

Se um dado segmento de clientes não deseja um contato personalizado ou sente tê-lo com a atenção que lhe é dada pelo pessoal de uma dada agência ou sucursal não é necessário oferecer um serviço personalizado. Estas necessidades não são estáticas. Hoje com o advento do mobile e da internet muitos clientes que queriam um contato personalizados preferem o autosserviço dispensando o seu Gerente de Conta. Em contrapartida outros, como os pequenos e microempresários, que tradicionalmente se relacionavam em bloco com a agência mostram hoje sinais de preferir um tratamento mais personalizado.

Mas se não é possível à empresa de serviços financeiros desenvolver um modelo de negócio que inclua um serviço personalizado que seja rentável então também não se deverá avançar para a personalização.

Quantos são necessários

O número de comerciais necessário para uma empresa é dado pelo simples quociente entre o objetivo de vendas e o número médio de vendas possível por comercial.

Uma empresa de cartões de crédito pretende colocar 75 000 cartões de crédito em centros comerciais num ano. Nos anos anteriores cada comercial conseguiu, em média, vender 400 cartões por mês. Assim em cada ano cada comercial consegue vender em média 4.400 cartões (400 * 11 = 4400). Assim, dividindo 75 000/4 400 obtêm-se 17, que é o número de pessoas necessário para se atingir as vendas desejadas.

O mesmo raciocínio pode ser feito para organizações mais complexas em que os comerciais para além das vendas de produtos têm também que fazer a manutenção de uma carteira de Clientes para manter os volumes de negócio já conquistados.

Muitas empresas em tempos de crise pensam ser possível reduzir os comerciais e manter o volume de negócio, contando com a inércia e a falta de alternativas dos Clientes. No entanto essas empresas cedo descobrem que tais expetativas não passam de ilusões. Reduzir a força de vendas é, na grande maioria das vezes, reduzir o volume de negócio.

Nos negócios que implicam personalização e acompanhamento os Clientes fidelizam-se tanto ao comercial que quando este muda de empresa, não raras vezes os Clientes acompanham-no mudando a conta ou o seguro.

Tipologia de comerciais

De acordo com a fase e a estratégia de vendas adotada podem ser necessários, um ou vários tipos de comerciais com perfil diferente. As tipologias mais comuns são:

- **Processadores de ordens** – recebem e processam as compras dos Clientes. Uma parte substancial dos bancários das agências são processadores de ordens, servindo o Cliente e apresentando-lhe produtos e alternativas mas apenas quando este vem à Sucursal ou telefona. Parte dos colaboradores dos serviços telefónicos de apoio são também processadores de ordens. Têm alguma iniciativa mas a iniciativa primordial parte do Cliente. Com a redução da frequência da deslocação do Cliente às Sucursais esta função perde terreno face aos comerciais puros.
- **Criadores de vendas** – estes colaboradores agem através de outrem que irá gerar a venda. As equipas de dinamização de vendas de certos produtos percorrem as sucursais formando e incentivando os comerciais locais a colocar o produto.
- **Comerciais puros** – aqueles cuja função é vender, persuadindo os Clientes a comprar.

Na indústria de serviços financeiros os três grupos de comerciais são indispensáveis, embora nos últimos anos as percentagens relativas dos três grupos se tenham alterado, com uma diminuição da relevância dos Processadores de Ordens em detrimento dos Comerciais puros.

Como passam o tempo os comerciais puros

A venda face a face é um processo que, para ser eficaz, exige planeamento, preparação, formalização e processamento das vendas e acompanhamento pós-venda. Assim não é surpreendente que mesmo os comerciais puros não passem 100% em contato como os clientes a vender produtos e serviços.

A percentagem de tempo passado em contato direto com os clientes não ultrapassa os 40% a 50% do tempo dos melhores comerciais.

As empresas de serviços financeiros têm procurado libertar os comerciais das tarefas administrativas de formalização e processamento das vendas e mais recentemente mesmo das tarefas de planeamento e preparação. No entanto sem que a preparação seja efetuada pelo próprio comercial a produtividade tende a decair por falta de conhecimento sustentado das necessidades reais do cliente.

Formação da Força de Vendas

Os elementos da Força de Vendas devem ter formação regular no sentido de: a) se manterem alinhados com a estratégia da empresa, b) atualizarem conhecimentos sobre processos e produtos, c) melhorarem as suas técnicas de vendas.

A formação em sala com formadores qualificados é em geral mais útil e o seu efeito mais duradoiro, mas para o lançamento de alterações a produtos e pequenas variações da carteira de serviços os cursos pela internet são também eficazes.

Quanto mais isolado trabalhar o comercial mais necessidade existe de contatos com a empresa, principalmente para se manter atualizado e alinhado com a estratégia da empresa.

Desempenho da Força de Vendas

O desempenho da Força de Vendas deve essencialmente ser medido pelos resultados alcançados versus os objetivos definidos. Naturalmente haverá que ter em conta ocorrências externas não previstas que possam impedir a plena realização das metas definidas.

No entanto a melhor forma de avaliar o desempenho de um comercial é através da observação pessoal do seu trabalho, da recolha de opiniões dos Clientes e da recolha de opiniões dos seus colegas diretos. Este tipo de avaliação de 360 graus (superior hierárquicos, clientes e colegas) é a mais eficaz para caracterizar o trabalho de um comercial. A visão do Cliente e a dos colegas é muitas vezes rejeitada em Portugal, focando-se apenas na opinião da hierarquia e nos resultados de vendas.

Uma característica indispensável de um bom comercial é a de, como dizem os americanos, "*plan their work and work their plan*", isto é de elaborar um plano de trabalho e cumpri-lo. Esta disciplina pessoal, esta automotivação e entusiasmo é que diferencia o bom comercial dos restantes, contradizendo o lugar-comum de que o bom comercial é, por natureza, desorganizado.

A elaboração de listas ordenadas (*rankings*) dos melhores comerciais é uma técnica muito usada em Portugal sem que os resultados o comprovem. Se bem que pode ser muito motivante para os que estão nos primeiros lugares, a publicação destas listas pode ser muito desmotivante para a grande maioria que não consegue chegar ao top 10. Pior, se condições particulares, melhor localização, clientes mais apropriados, estiverem na origem do sucesso dos que ocupam os lugares cimeiros, esta técnica pode ser vista como injusta ou viciada. A motivação de um punhado pode esconder a desmotivação e o desinteresse de quase todos. Como vimos a propósito da cultura este tipo de avaliação muito eficaz nos Estados Unidos não funciona em culturas como a portuguesa. Infelizmente muitos "gestores" só leram livros de gestão americanos.

Compensação e incentivos

A compensação dos elementos da Força de Vendas inclui a maioria das vezes quatro componente:

- Salário Fixo Base – normalmente decidido em negociação com os sindicatos do setor;
- Remuneração variável – não garantida e dependente do desempenho global e individual

- Pagamento de despesas – nomeadamente de deslocação em visitas a clientes, toma usualmente a forma de uma remuneração por quilómetro, ou ajudas de custo se deslocação se prolonga por vários dias. Inclui também o pagamento de refeições quando os Clientes são convidados.
- Benefícios adicionais – seguro de saúde, carro de serviço, acesso a produtos/serviços da empresa a preços reduzidos, etc.

A remuneração variável pode ser paga periodicamente ao longo do ano ou toda de uma vez no final do ano. Pode estar ligada unicamente ao desempenho individual ou ao desempenho de equipas ou mesmo à da totalidade da organização.

Um sistema de incentivo demasiado agressivo, com ganhos excessivamente elevados em relação à remuneração fixa ou em relação á remuneração habitual, pode desencadear da parte dos comerciais comportamentos pouco éticos, nomeadamente vendas agressivas (*hard selling*) ou mesmo comportamentos ilícitos como enganar o consumidor ou leva-lo a acreditarem em benefícios inexistentes.

Algumas instituições de crédito nacionais foram já multadas pelas autoridades de supervisão por vendas enganadoras que levaram os clientes a processar essas instituições. Nalguns destes casos verificou-se que associados à venda desses ativos estavam incentivos muito agressivos à força de vendas.

Nos últimos anos ganharam grande popularidade os chamados **jogos comerciais**, em que as vendas de cada produto são transformadas em pontos acumuláveis podendo o comercial ganhar prémios consoante os pontos que for amealhando.

Automação das Vendas

Muitas empresas de serviços financeiros têm vindo a implementar sistemas de automação de vendas (*Sales Force Autonation* ou SFA). Baysan e os seus colegas definiram a automatização das vendas como "um sistema computarizado que dota os gestores e os membros de equipas de vendas com a funcionalidade de seguir as referências, gerir os contactos, controlar as relações com clientes, monitorizar o processo de vendas, calendarizar reuniões, prever as vendas e analisar o desempenho dos colaboradores" (Baysan *et al.*, 2005).

A automação de vendas foi concebida para aumentar a eficiência das vendas e consiste num conjunto integrado de programas desenhados para ajudar a gerir uma força de vendas. O sistema identifica potenciais clientes, com base em critérios previamente definidos e usando algoritmos matemáticos e estatísticos sofisticados, atribui cada um desses potenciais clientes a um comercial ou a uma equipa comercial e permite controlar quando e por quem o cliente foi contactado e qual o resultado desse contacto. O sistema gere de uma ponta à outra a função de venda. O sistema também pode gerir o acompanhamento de clientes, identificando os clientes a contactar, por eventos especiais e/ou por já o não serem há algum tempo, assigna os contatos e gere os resultados.

É possível desta forma gerir de forma centralizada uma força de vendas de grande dimensão e medir em tempo real os resultados alcançados por cada comercial ou equipe comercial.

No entanto "mais de 60% dos projetos de automação da força de vendas falharam" (Jones, 2002) e outros autores mais recentes apontam para taxas de falhanço de 75% e mesmo de 80% (Bush *et al.*, 2005) o que mostra que apesar de grandes promessas estes sistemas sofrem de grandes deficiências. Jones menciona mesmo que empresas que instalaram estes sistemas estão agora num processo de desinstalação.

Não resta a mínima dúvida que a automação de vendas, que exige investimentos elevados é um empreendimento arriscado que só deve ser implementado quando existe um grande conhecimento dos processos e quando a força de vendas abraça sinceramente o projeto.

Em Portugal a experiência de automação da força de vendas é reduzida mas as poucas instituições que a adotaram não parecem ter sido capazes de a rentabilizar.

Existem vários fatores explicativos para os falhanços da automação da força de vendas e os estudos elaborados mostram que um das causas principais é a rejeição do sistema pelos próprios comerciais.

Dois outros fatores contribuem para esta rejeição:

a) a deficiente qualidade das referências produzidas. Na previsão do comportamento de compra de clientes e potenciais clientes a informação recolhida pelos sistemas informáticos sobre os clientes, e que é muita, não consegue ainda produzir resultados mais eficientes do que o conhecimento pessoal do Cliente. Dessa forma os comerciais são inundados de referências sem valor que têm de contactar e seguir, o que lhes reduz a eficiência.
b) a perda da iniciativa e da responsabilização que acompanha a microgestão do tempo e do comportamento dos comerciais. Sendo o sistema informático que determina quem contatar, a que horas e com que guião, a responsabilidade do comercial pelos resultados reduz-se drasticamente.

GESTÃO DE CAMPANHAS

A ação comercial pode ser exponenciada se tiver o suporte de campanhas de marketing comercial. Estas campanhas comerciais distinguem-se das campanhas institucionais por terem como finalidade incrementar as vendas.

A preparação das campanhas de marketing começa com a definição do tipo de campanha e dos respetivos objetivos. O tipo de campanha está estritamente ligado com o ponto do funil do marketing em que se pretende atuar.

O Funil do Marketing

O funil do Marketing, ou funil da compra, é um modelo que descreve as etapas que o Cliente percorre até comprar um produto ou serviço.

Primeiro é necessário que o Cliente saiba que o produto/serviço existe, depois é necessário que se interesse pelo produto e que sobre ele obtenha mais informação que o leve a deseja-lo e finalmente à compra.

Este funil é muitas vezes descrito pela sigla AIDA de atenção, interesse, desejo e ação (de compra). Para cada uma destas fases existe um tipo de campanha comercial adequado (Figura 6.6.).

Objetivos das Campanhas

Depois de decidido o tipo de campanha a lançar é preciso definir claramente os objetivos.

Uma campanha que vise criar atenção pode ter como objetivo assegurar que uma dada percentagem do mercado alvo conhece o produto-serviço. Por exemplo quando um novo produto/serviço é lançado é necessário primeiro garantir que os seus potenciais compradores sabem que ele existe e que está disponível.

Os objetivos devem então ser definidos de forma muito concreta por exemplo: passar de uma taxa de conhecimento espontâneo de 20% para 40% em seis meses e passar de um conhecimento induzido de 30% para 55% entre o mercado alvo. É assim possível desenhar a forma de aferição dos resultados da campanha com base em métricas bem precisas.

No outro extremo uma campanha pode ter como objetivo aumentar as vendas de um produto já perfeitamente conhecido pelo mercado ou segmento a que se dirige. O objetivo poderia então ser definido como alcançar em dois meses um nível de vendas de 10 000 cartões adicionais à venda normal, através do canal internet.

A definição concreta de objetivos permite saber qual o valor da campanha e determinar os meios a utilizar e o seu orçamento adequado.

FIGURA 6.7. – O Funil do Marketing

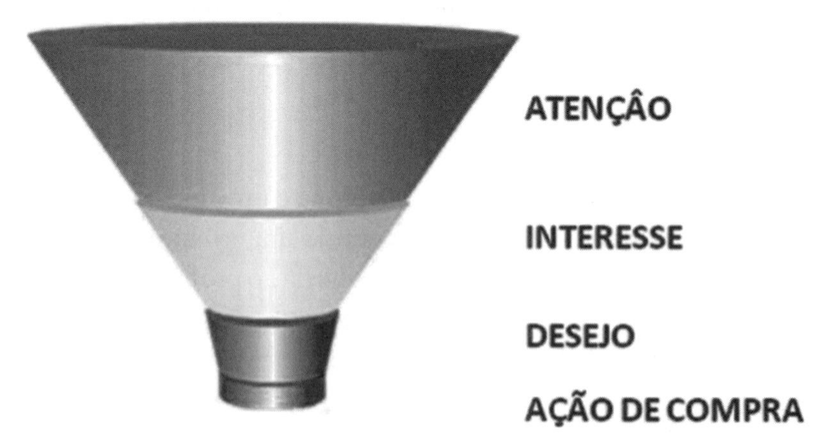

Escolha dos Meios

Quanto aos meios utilizados as campanhas podem ser

- Com meios de comunicação social (*above the line* – ATL) – as que recorram a pelo menos um dos seguintes meios: televisão, imprensa, cartazes publicitários (outdoors), rádio, cinema ou internet.
- Sem meios de comunicação social (*bellow the line* – BTL) – as que recorram a pelo menos um dos seguintes meios: relações públicas, promoções, presença em feiras ou outros eventos, sponsoring ou internet.

O uso de internet considera-se ATL sempre que se usem sítios externos e BTL sempre que se utilize apenas os sítios da própria empresa.

As campanhas ATL pela natureza dos meios usados dirigem-se a audiências relativamente massificadas, enquanto as BTL são mais adequadas para a comunicação com nichos ou segmentos de mercado de menor dimensão.

Cobertura, Frequência, GRP e CPM

Qualquer campanha para ter sucesso precisa ser vista pelo mercado a que se dirige. Um anúncio extramente bem feito e convincente não venderá um único produto se não for visto pelos seus potenciais compradores.

As variáveis fundamentais para garantir que uma campanha chega à sua audiência são a cobertura e a frequência.

A **cobertura** mede a percentagem do mercado alvo que será atingido pela campanha, isto é que vai ver pelo menos uma vez a campanha. Uma cobertura de 80% significa que 8 em cada 10 potenciais clientes vai ver pelo menos uma vez o nosso anúncio.

A **frequência** mede o número médio que cada potencial cliente vê a campanha. A frequência é medida em OTS (oportunidades de ver ou na terminologia anglo-saxónica: *opportunities to see*). Uma campanha com 3 OTS significa que cada potencial cliente poderá ver em média o anúncio 3 vezes.

A conjugação destes dois elementos dá-nos, considerando as audiências de cada meio o número de anúncios que é necessário efetuar.

Para medir a intensidade da comunicação a métrica utilizada é o GRP (Gross Rating Point) ou na terminologia portuguesa, que é muito raramente utilizada, PAB (Pontos de Audiência Bruta) que combina a frequência com a cobertura. Assim se um anúncio for transmitido 3 vezes e conseguir em cada uma delas obter uma cobertura do público-alvo de 25% terá 75 GRP (3 × 25 = 75). Esta métrica deve ser usada com cuidado pois uma campanha com 100 GRPs tanto pode significar que todo o público-alvo viu a campanha uma vez como que 10% da nossa audiência viu o anúncio 10 vezes.

Os custos com os meios de comunicação são uma parcela fundamental dos custos totais de uma campanha. O **CPM** (o custo per mil) é o custo por cada mil impressões. Sempre que um anúncio é visto ou ouvido conta-se uma impressão. Não mede o número de pessoas impactadas, já que as mil impressões podem referir-se todas a uma mesma pessoa, embora tal cenário extremo seja altamente improvável. O CPM obtêm-se dividindo o custo do anúncio pelo número de impressões que ele obteve e multiplicando o resultado por mil.

Outra medida de custo é o CPP o custo por ponto, isto é o custo incorrido pelo anunciante por cada ponto de GRP adquirido. Mostra a eficiência do planeador de meios conseguir um CPP baixo.

O custo do CPM flutua consoante o tipo de meio de comunicação, a sua audiência, e a sua política comercial.

Embora a reserva e compra de espaço nos meios de comunicação social seja feita por uma agência de meios ou através da agência de publicidade os objetivos a atingir e o respetivo orçamento têm de ser decididos pele empresa de serviços financeiros. É, pois, imprescindível ter especialistas de meios no Departamento de Marketing.

Os grandes anunciantes, entre os quais alguns dos principais bancos, compram os meios diretamente a de empresas especializadas, os anunciantes ocasionais tendem a comprar os meios através das agências de publicidade. Em qualquer dos casos deve ser dada a maior atenção ao preço.

Proposta criativa

Tudo começa com um *briefing* (ou também *brief*) em que o anunciante explica à agência publicidade as suas necessidades de comunicação. Este documento é a peça chave para que o trabalho criativo possa ser desenvolvido em bases solidas, isto é, totalmente alinhado com o que o anunciante, a empresa de serviços financeiros, pretende.

Um brief deve conter pelo menos os seguintes elementos:

- Resumo do problema enfrentado e da estratégia a seguir
- Objetivos da campanha
- Definição do público-alvo (sociodemográfica, psicológica)
- Mensagem principal e secundária a passar
- Calendário da Campanha
- Orçamento

É uma boa prática organizar um *debriefing* em que a agência explica o que percebeu do *briefing* que recebeu. O *debrief* evita qualquer mal entendimento que possa ter surgido por má interpretação do briefing e é particularmente adequado quando se trabalha com calendários apertados.

A proposta criativa, antes de aceite, deve ser testada junto do público-alvo através de entrevistas de grupo ou de inquéritos quantitativos.

Formação, Informação e Incentivos

Antes do lançamento de cada campanha é muito importante formar e envolver todos os comerciais. Isto pode obter-se através de formação em sala ou à distância ou recorrendo a uma técnica muito utilizada nestas ocasiões a formação em cascata (em que a hierarquia passa a informação ou ministra a formação aos seus subordinados que por sua vez a passam ao nível descendente seguinte).

O conhecimento prévio das peças da campanha (cartas, cartazes, folhetos, anúncios de imprensa, de rádio ou televisão) ajuda os comerciais a preparar a sua atuação e a poder responder prontamente aos comentários de clientes e potenciais clientes.

Em certas campanhas, para dinamizar a força de vendas, pode ser justificada a criação de um sistema temporário de incentivos.

Medição de Resultados

No final de todas as campanhas devem ser medidos os resultados e feito um balanço escrito da campanha incluindo um capítulo sobre Lições Aprendidas que deve servir para a ação futura listando tanto os perigos a evitar como em aspetos que tiveram sucesso de devem ser repetidos.

BIBLIOGRAFIA

Banco de Portugal (2009), Mobilidade no sector da Banca de Retalho em Portugal.

Baysan, Can, Arielle Bertman, Raul Maynigo, Griff Norville, Nicholas Osborne e Timothy Taylor (2005), "The Design and Development of a Sales Force Automation Tool Using Business Process Management Software" Comunicação ao Systems and Information Engineering Design Symposium

Buttle, Francis, Lawrence Ang e Reiny Iriana (2006), "Sales force automation: review, critique, research agenda" in International Journal of Management Reviews, volume 8, n.º 4, pp 213-231

Bush, A.J. e Grant, E.S. (1994), "Analysing the content of marketing journals to assess trends in sales force research: 1980-1992", Journal of Personal Selling and Sales Management, Volume 14, Número 3, pp 57–68.

Cohen, M.-D. (2004), "Exploiting response models–optimizing cross-sell and up-sell opportunities in banking" in Information Systems , Volume 29, pp. 327–341

Heidig, Wibke (2012), Upselling or Upsetting? Studies on the Behavioral Consequences of Upsell Offers in Service Encounters, Tese de Doutoramento em Gestão na Universidade de St. Gallen,

Jones, Eli, Suresh Sundaram e Wynne Chin (2002), Factors Leading to Sales Force Automation Use: a Longitudinal Analysis" in Journal of Personal Selling and sales Management, Volume XXII, Número 3, pp 145-156

Vercellis, C. (2009), *Business Intelligence: Data Mining and Optimization for Decision Making*, Chennai, John Wiley & Sons Ltd.

VII
O Plano de Marketing

> Planear, segundo Philip Kotler, é "decidir no presente o que fazer no futuro".
>
> (KOTLER, 1981)

O Plano de Marketing é um documento formal que condensa de forma clara a estratégia, os objetivos da empresa ao nível do marketing e as ações concretas, calendarizadas e orçamentadas, previstas para os atingir e as formas de controlo, isto é, as medidas de desempenho que permitam aferir se as ações estão a ser concretizadas e a atingir os resultados previstos. O Plano de Marketing é o resultado do processo de Marketing que temos vindo a explanar nos capítulos precedentes.

O Plano de Marketing é uma das peças do Plano Global da empresa de serviços financeiros a par com outros planos, plano financeiro, plano de recursos humanos, plano operacional, com os quais deve estar articulado.

IMPORTÂNCIA DA FORMALIZAÇÃO

É importante que o Plano de Marketing esteja devidamente formalizado, num documento escrito, aprovado pela Administração da empresa e que seja bem conhecido da organização, nomeadamente das áreas envolvidas, nomeadamente a área de desenvolvimento informático, a área comercial, a área financeira. É, pois, necessário que o Plano de Marketing seja negociado e alinhado internamente com a organização como um todo.

A ausência de negociação e de alinhamento com a restante organização é uma das causas mais frequentes para o falhanço na implementação dos Planos de Marketing em muitas empresas de serviços financeiros.

A formalização, por outro lado, obriga a um exercício cuidado de análise das condições de mercado, das capacidades da empresa, e das decisões de marketing anteriores.

Disciplina metodológica

A preparação do Plano de Marketing é um tempo em que a organização se concentra de uma forma estruturada na reflexão sobre o seu posicionamento no mercado e desenha de forma consciente o seu plano de atuação para o futuro próximo.

Sem esta pressão muitas empresas acabam por não refletir sobre a sua atuação e as suas ações deixam de ter um propósito estratégico e passam apenas a responder a necessidades conjunturais.

Alocação de Recursos

O Plano de Marketing concretiza-se em ações que têm um custo. O Plano de Marketing deve conter um orçamento minucioso dos gastos/investimentos a efetuar na área do Marketing, sejam eles com Estudos de Mercado, Publicidade, Lançamento e Gestão de Produtos ou outros.

Com a aprovação do Plano de Marketing e respetivo orçamento a empresa está também a alocar recursos ao processo de Marketing.

Alinhamento organizacional

O Plano de Marketing é um instrumento de alinhamento organizacional indispensável.

O Plano de Marketing contém uma parte importante da visão estratégica da empresa para os mercados que serve. Aqui estão definidas as principais orientações e pontos de enfoque da organização para o futuro imediato e de médio/longo prazo. É, pois, essencial que todas as áreas relevantes da empresa de serviços financeiros estejam informadas e preparadas para as executar eficientemente.

DESASTRE NA FLORIDA

Um Banco da Florida definiu no seu Plano de Marketing um conjunto de ações com vista a aumentar a sua quota de mercado de Crédito Hipotecário no segmento médio alto de segundas habitações. O segmento alvo foi claramente identificado e estudado e um produto muito atrativo foi preparado em conjunto com as áreas informática, legal e de vendas.

Uma campanha de promoção, mostrando as maravilhas da paisagem da Florida e do seu clima, foi desenhada com o apoio de uma grande empresa de publicidade.

O produto foi lançado em Setembro que segundo os estudos de mercado realizado era o mês em que os potenciais compradores decidem este tipo de compra.

O produto foi de imediato um êxito de vendas. Mas pouco depois teve de ser suspensa a sua venda.

O que acontecera? O Diretor de Marketing esquecera-se da área das operações, que não foi ouvida nem informada e que, simplesmente não estava preparada para tratar um acréscimo considerável de vendas. Com atrasos e enganos em crescendo, com as reclamações a níveis recorde, o Banco foi obrigado a descontinuar o produto que estava a ser um sucesso de vendas.

O Diretor de Marketing e o Vice-Presidente do Banco responsável pelo Marketing foram despedidos.

Esse alinhamento só se consegue, fazendo participar as restantes áreas no processo de construção do Plano de Marketing, informando-as e mantendo-as a par dos progressos realizados. Participação e informação são aqui as palavras-chave.

HORIZONTE TEMPORAL DO PLANO DE MARKETING

Na esmagadora maioria das empresas de serviços financeiros o Plano de Marketing cobre um ano civil. Muitas empresas de serviços financeiros desenvolvem também Planos de Marketing de médio/longo prazo (três a cinco anos em regime de atualização anual).

O horizonte temporal do Plano de Marketing deve essencialmente estar adequado ao ciclo de negócio da empresa de serviços financeiros. A maioria dos segmentos da indústria financeira podem, em Portugal, tem ciclos de negócio anuais, com ciclos de reporte trimestrais.

Existem, contudo, alguns segmentos da indústria em que o ciclo de negócio é diferente do ano civil. Nestes casos o Plano de Marketing deve ajustar-se ao ciclo de negócio.

O Plano e Orçamento anual de Marketing devem estar suportados numa visão e em objetivos estratégicos ao nível da Empresa que devem ser plurianuais. Sem uma perspetiva plurianual a atuação será míope e pode conduzir rapidamente ao desastre.

Assim, na fase do Planeamento reservada para a Análise de Mercado e para a Análise da Empresa é importante estender a análise aos anos seguintes – no mínimo três anos e se possível até cinco.

Articulado com processo de Planeamento da Empresa

A necessidade de negociação e de alinhamento das várias áreas da empresa implica que **o Plano de Marketing deva ser preparado em paralelo com o processo de orçamentação da empresa**.

Muitas das ações do Plano de Marketing têm impacto noutras áreas, quer ao nível de recursos a afetar quer das prioridades de atuação. Têm, então, de ser conhecidos dessas áreas antes do fecho dos seus orçamentos, sob pena de depois não ser possível levar a cabo a totalidade das ações previstas no Plano de Marketing.

NATUREZA DO PLANO DE MARKETING

A empresa de serviços financeiros elabora normalmente vários tipos de Planos de Marketing:

1. Plano Global – o Plano de Marketing referente a toda a Empresa;
2. Plano de Segmento ou mercado – Plano de Marketing referente a um segmento (exemplos: Retalho, Empresas)
3. Plano de Produto – Plano de Marketing referente a um dado produto (exemplos: cartões de crédito, seguro automóvel)

4. Plano de Canal – Plano de Marketing referente a um dado canal de distribuição (exemplos: internet, rede de mediadores, telemarketing)
5. Plano de Marcas – Plano de Marketing referente a uma marca (exemplos: Visa, American Express, Mastercard)
6. Plano de Projeto – Plano de Marketing para projetos específicos (exemplo: desenvolvimento novo produto)

A existirem simultaneamente estes planos devem organizar-se em cascata confluindo todos no Plano Global.

ORÇAMENTO DE MARKETING

Embora de um ponto de vista teórico os fundos aplicados em Marketing possam ser vistos como um investimento, na prática muitos das parcelas do orçamento de Marketing são considerados custos do exercício no plano de contabilidade do setor financeiro.

Assim sendo que montante alocar ao orçamento de Marketing? Haverá aqui que distinguir dois planos diferentes: um o orçamento de Marketing da organização e outro o orçamento da área/Direção de Marketing. Esta diferença é relevante já que em muitas organizações:

i) muitas funções de marketing estão fora do âmbito da área/Direção de Marketing (por exemplo muitas empresas recorrem a empresas especializadas em relações públicas a vários níveis da organização e esses custos nem sempre são alocados à direção de marketing);
ii) muitos dos custos de Marketing recaem sobre outras áreas funcionais (por exemplo o desenvolvimento de um novo depósito pode implicar desenvolvimento informático cujo custo pode ser suportado pela direção de informática).

A situação ideal é que o orçamento de Marketing e o orçamento da direção de Marketing sejam coincidentes.

Quais as rúbricas mais relevantes de um orçamento de Marketing?

Em Portugal os maiores bancos concentram os seus orçamentos de Marketing essencialmente em quatro rubricas:

1. Publicidade e promoções
2. Relações Públicas
3. Estudos de mercado
4. Desenvolvimento de novos produtos

Quanto investir?

Como em tudo na vida os recursos não são ilimitados. Também as empresas de serviços financeiros têm de decidir quanto do seu orçamento global destinar às atividades de Marketing.

Existem vários métodos para decidir o valor do orçamento de Marketing. Os mais utilizados são os três seguintes:

1. Percentagem dos ativos/margem/lucros
2. Quota de mercado objetiva
3. Incrementos anuais

No primeiro caso a empresa decide atribuir ao orçamento de Marketing uma percentagem do valor do total dos ativos, do total da margem ou dos resultados. Alguns bancos estrangeiros usavam a regra de igualar o orçamento de marketing a um décimo de 1% do total de ativos do ano anterior. Assim se o total de ativos fosse de 50 000 milhões de Euros o orçamento de Marketing seria de 50 milhões de Euros.

O método da quota de mercado objetiva, procura determinar qual o custo global de mercado com atividades de marketing do ano anterior e projetar um orçamento de acordo com a quota de mercado a alcançar pela empresa no ano seguinte. Por exemplo se num dado ano a totalidade das empresas financeiras que concorrem num dado mercado gastaram em conjunto 100 milhões de Euros e a empresa A projeta ter no próximo ano uma quota de mercado de 15% então alocará ao seu orçamento de marketing do próximo ano 15 milhões de Euros. Este método com algumas variações é muito usado pelos principais bancos portugueses.

O método dos incrementos anuais é usado por empresas já estabelecidas há muito e que decidem o valor do seu orçamento de marketing em função da previsão da expansão/contração esperada do mercado para o ano seguinte. A empresa A investe 30 Milhões de Euros anualmente e espera que o mercado cresça no próximo ano cerca de 5%, então o seu próximo orçamento de Marketing será de 31,5 Milhões de Euros.

ESTRUTURA DO PLANO DE MARKETING

O Plano de Marketing deve incluir uma análise de mercado que suporte e justifique a estratégia adotada Por seu lado os objetivos são metas concretas que materializam a estratégia.

Tipicamente, um Plano de Marketing tem uma estrutura do seguinte tipo:

1. Introdução
2. Resumo Executivo
3. Análise do Mercado
4. Análise da Empresa
5. Definição estratégica
6. Definição de Objetivos
7. Plano de Ação
8. Controlo de Implementação

O Plano de Marketing deve ser um documento escrito de 20 a 30 páginas, contendo adicionalmente um conjunto de anexos com informação de suporte. O Plano de Marketing pode adicionalmente, para efeitos de divulgação e apresentação, ter ou não uma versão em diapositivos (PowerPoint ou outros). O contrário, contudo, não deve acontecer, isto é, a versão de diapositivos não dispensa a versão escrita.

Introdução e Resumo Executivo

O primeiro ponto é constituído por algumas palavras sobre a estrutura do documento e sobre as circunstâncias em que foi preparado.

O Resumo executivo é como o nome indica um sumário do conteúdo do Plano de Marketing. Não deve exceder as cinco páginas. O seu enfase principal é no nexo e na lógica entre a Estratégia, Objetivos e Ações.

Análise de Mercado

Uma análise que deve ser tanto quanto possível quantitativa. E deve começar por uma perspetival macroeconómica dos próximos exercícios.

Quanto vai crescer o Produto Interno Bruto? Vamos estar num ciclo expansivo ou recessivo? Como se vão comportar as principais variáveis macroeconómicas? O investimento público e privado? O consumo? As poupanças? Como vai evoluir o défice público? Que medidas estão previstas no Orçamento de Estado ao nível fiscal? Que indústrias vão prosperar e quais serão os setores que passarão por dificuldades?

A antecipação do curso macroeconómico implica sempre uma componente de incerteza e de erro, pelo que é prudente a definição de vários cenários alternativos.

Face a diferentes cenários, uns mais prováveis ou expectáveis que outros, podemos desenhar respostas para cada um deles na medida em que se venha a materializar. A vantagem de construir vários cenários é a de estar preparado para qualquer deles.

O segundo passo é o de incorporar alterações legislativas ou regulamentares previsíveis. Na verdade muitas das alterações deste tipo podem ser antecipadas com segurança uma vez que derivam da obrigatoriedade de transposição de normas ou diretivas europeias ou internacionais. Outras são, normalmente, precedidas de períodos mais ou menos longos de consulta prévia à indústria antes de serem publicadas.

O terceiro passo é o de perceber como irá o ambiente macroeconómico, politico e regulamentar influenciar os principais atores do nosso mercado e o volume de negócios.

Esperámos a entrada de novos competidores ou pelo contrário a saída de alguns? Vamos assistir a uma intervenção estatal, ou a um período de consolidação na indústria? Poderemos ter uma guerra de preços? E se sim em que produtos? Que tipo de inovações será de esperar e de quem? Teremos alguma mudança de estratégia significativa por parte de algum dos principais concorrentes?

Como prevemos que a procura nos vários segmentos evolua? Quanto aumentarão os depósitos totais? Quanto diminuirão os créditos? Qual a taxa diretora que o Banco Central Europeu vai fixar? Como evoluirão as taxas de mercado? Como evoluirão as margens dos vários produtos? Que volume de provisões será preciso constituir?

Estas projeções devem não só contemplar o próximo exercício, como também pelo menos mais dois anos e se possível estender a análise até cinco anos para a frente.

Ao responder, pela ordem referida, às perguntas que listamos acima de forma estruturada teremos feito a análise de mercado.

Fontes de Dados

No negócio bancário em Portugal é possível obter muitos dados relevantes no manancial de informação publicado pelo Banco de Portugal. Aí se pode encontrar informação sobre volumes totais de depósitos e crédito, desagregações por tipologias de clientes (Particulares, Empresas, etc.) ou por linhas de produto (Crédito Habitação, Crédito Pessoal, Depósitos à ordem, Depósitos a Prazo, etc.).

Para além do Banco de Portugal existem outras fontes de informação que são também muito úteis:

- Instituto Nacional de Estatística (INE)
- Associação Portuguesa de Fundos de Investimento, Pensões e Patrimónios (APFIPP)
- Associação Portuguesa de Bancos (APB)
- Associação Portuguesa de Leasing, Factoring e Renting
- Associação Comercio Automóvel de Portugal (ACAP)
- Informação do PPORDATA – Base de Dados de Portugal Contemporâneo

Outras fontes de informação relevantes incluem:

- Relatório e Contas dos principais Bancos, Seguradoras e outras empresas de serviços financeiros;
- Relatórios e Contas de entidades como a SIBS, Unicre.

Várias empresas de estudos de mercado disponibilizam também estudos regulares, alguns dos quais com dados históricos de várias décadas. Os mais conhecidos são o Basef (Seguros ou Banca) que contém dados

FONTES DE INFORMAÇÃO

A Associação Portuguesa de Fundos de Investimento, Pensões e Patrimónios (APFIPP) publica um conjunto significativo de informação sobre este tipo de produtos.

Se quisermos saber qual é a quota de mercado de cada sociedade gestora a APFIPP publica mensalmente os volumes sob gestão de cada entidade. Por exemplo em Outubro de 2012 a Caixagest era a maior gestora de fundos a operar em Portugal com uma quota de mercado de 24,48%.

VOLUMES SOB GESTÃO
Out-12

Sociedade Gestora	Montante	Quota
Caixagest	2.874.827.951	24,48%
ESAF - F.I.M.	2.738.003.031	23,31%
BPI Gestão de Activos	1.911.655.697	16,28%
Santander Asset Management	1.367.725.170	11,65%
Millennium BCP Gestão de Activos	908.220.052	7,73%
Banif Gestão de Activos	652.047.543	5,55%
Montepio Gestão de Activos	321.618.717	2,74%
Barclays Wealth Managers Portugal	275.639.487	2,35%
Patris Gestão de Activos	201.208.381	1,71%
Crédito Agrícola Gest	157.925.236	1,34%
BBVA Gest	91.268.101	0,78%
MCO2	71.361.693	0,61%
Popular Gestão de Activos	61.802.287	0,53%
MNF Gestão de Activos	59.660.358	0,51%
Dunas Capital - Gestão de Activos	44.003.733	0,37%
Invest Gestão de Activos	7.294.213	0,06%
Total	11.744.261.650	100,00%

Fonte: APFIPP

relevantes sobre o mercado de produtos financeiro e a sua evolução, e o Publivaga sobre eficácia de campanhas publicitárias.

Informação sobre o mercado espanhol é também de grande utilidade, quer por ser um mercado próximo e em que muitas dos seus grandes Bancos estão presentes em Portugal, quer por ser mercado mais evoluído que antecipa tendências para Portugal.

Existem também várias revistas e publicações especializadas que divulgam opiniões e estudos de peritos.

Excelente fonte de informação é a que é vinculada pela área comercial que está em contato diário com Clientes e concorrentes. A oscultação sistemática dos comerciais é essencial para se perceber o sentimento de mercado, as objeções, os argumentos, as reações e preocupações dos clientes.

Por último a melhor fonte de informação é a dos próprios Clientes. A empresa de serviços financeiros deve sempre ter um mecanismo para ouvir o Cliente, quer através de estudos de qualidade, quer de painéis periódicos, quer por entrevistas em profundidade. Este mecanismo ajuda a antecipar oportunidades, identificar ameaças e movimentos dos concorrentes e acima de tudo permite conhecer as verdadeiras necessidades dos Clientes.

Análise da Empresa

Trata-se aqui de olhar para o interior da empresa e identificar os seus pontos fortes e os pontos fracos.

Neste tipo de exercício a análise comparativa com melhores práticas da indústria (análise de *benchmarking*) é muito útil. Este tipo de análise visa comparar os parâmetros da empresa em várias áreas com os dos seus concorrentes.

Áreas a comparar devem pelo menos incluir: resultados, produtividade, qualidade de serviço, grau de inovação, investimento tecnológico e em formação.

Estas comparações devem ser estáticas, para saber como nos estamos atualmente, e dinâmicas para sabermos como tem sido a evolução nos últimos anos.

Também é aconselhável fazer esta análise comparativa com outras indústrias sempre que tenham algum processo ou negócio semelhante. A Banca, por exemplo, pode beneficiar de análises comparativas com o setor do Comercio retalhista no que toca à organização da distribuição. Ao nível da Informática a Banca tem também vantagem em conhecer as melhores práticas de outras indústrias que tenham necessidade de tratar grandes volumes de transações.

Depois de identificarmos os pontos fracos e os pontos fortes é importante contrastá-los com os fatores críticos de sucesso na indústria financeira do mercado servido. Se os pontos fortes coincidirem com fatores críticos de sucesso e não houver nenhuma fraqueza nesses fatores de sucesso a empresa tem condições para prosperar no seu mercado.

Inversamente se os pontos fracos são em áreas críticas de sucesso então a empresa deverá agir para corrigir essas debilidades o mais rapidamente possível sob pena de não conseguir competir e acabar afastada do mercado.

Uma síntese da análise da empresa e da análise do mercado pode ser resumida usando a metodologia POFF: Perigos Oportunidades, Forças e Fraquezas.

Um quadro POFF lista resumidamente os perigos que o mercado pode colocar à empresa, nomeadamente ao nível regulamentar, macroeconómico, concorrência e outros, as oportunidades que o mercado pode oferecer, as forças da empresa para fazer frente aos perigos e aproveitar as oportunidades e as fraquezas da empresa igualmente em face de perigos do mercado.

Com base na análise POFF é possível estabelecer os objetivos de alto nível da empresa. Os objetivos devem portanto incluir as ações que, apoiadas nos pontos fortes da empresa, permitam explorar as oportunidades, minimizar ou neutralizar os perigos, reduzir ou eliminar as fraquezas se estas forem críticas.

ANÁLISE POFF

O Banco Seguro no seu processo de planeamento identificou como uma grande oportunidade do próximo ano a abertura do mercado aos produtos estruturados. Ao nível dos perigos constatou a persistência da crise económica e de um acentuado decréscimo do rendimento disponível de largos extratos populacionais. Esta quebra do rendimento pode materializar-se numa significativa contração dos depósitos e, consequentemente, em problemas de liquidez do Banco.

Simultaneamente o Banco Seguro constatou que dispõe de um nível de solidez muito elevado, uma margem de depósitos acima da média do setor e uma flexibilidade e uma rapidez de alteração e lançamento de produtos novos superior ao dos concorrentes. Como fraqueza uma força de vendas desmotivada pela crise e uma base de depósitos essencialmente de clientes dos segmentos afetados pela crise.

Perigos Persistência da crise. Redução de Rendimento Disponível de Segmentos importantes de Clientes e seu impacto nos volumes depositados.	**Oportunidades** Mercado abre-se aos produtos estruturados até aí proibidos.
Fraquezas Força de Vendas desmotivada Base de Depósitos exposta	**Forças** Rapidez e Flexibilidade lançamento novos produtos Elevada margem nos Depósitos Solidez

Neste cenário que objetivos deve o Banco Seguro definir para o próximo ano?

Definição de Objetivos

Os objetivos devem ser constituídos de tal maneira que todos possam REMAR para o mesmo lado.

REMAR é o acrónimo de:

- Relevante
- Específico
- Mensurável
- Atingível
- Revisitável

Relevante, que contribua para o sucesso da empresa, que seja adequado à função, que tenha significado. Um objetivo irrelevante leva a uma perda de tempo e de recursos prejudicial para a organização.

Específico significa concreto, bem definido e delimitado, não oferecendo dúvidas sobre o que é necessário alcançar. Melhor ter cinco objetivos bem concretos do que ter um único objetivo genérico. Objetivos genéricos são por natureza muito abrangentes e consequentemente ambíguos na sua interpretação.

Um objetivo específico estrutura-se de acordo com os famosos três Qs:

- Quem é responsável pelos resultados,
- Quando é que o objetivo deve ser alcançado,
- O Quê que é para atingir,

Onde e Como podem também ser importantes em alguns contextos.

Mensurável indica-nos que é passível de quantificação e medição. Objetivos mensuráveis afastam a subjetividade da sua apreciação e permitem uma avaliação objetiva do desempenho. Ajudam também a saber com precisão o ponto de situação face ao objetivo o que permite uma gestão de desvios mais atempada.

Atingível, isto é, que embora ambicioso seja possível de alcançar com um esforço adequado. Objetivos irrealistas são desmotivantes e levam a resultados piores já que ninguém se esforça para atingir algo que sabe antecipadamente não ser possível. Objetivos irrealistas são, na verdade, piores do que a mera ausência de objetivos.

Revisitável. Os objetivos devem ser revisitados periodicamente e se necessário alterados. Se pretendíamos captar fundos de investimento, mas o governo inesperadamente decreta uma sobretaxa que os torna menos atrativos, é altura de rever objetivos reduzindo as perspetivas de captação de fundos e, porventura, aumentando as dos depósitos a prazo. Não rever os objetivos quando necessário pode torná-los irrealistas e prejudicar o desempenho. Uma boa prática empresarial é a de revisitar os objetivos pelo menos duas vezes por ano.

Muitos bancos portugueses não seguem, por diversas razões, esta boa prática. Assim limitam-se a definir objetivo anuais e a procurar alcançá-los durante esse longo período de 12 meses.

Revisitar os objetivos torna-se ainda mais importante quando a esses objetivos estão ligados esquemas de incentivos. Então a não revisão de objetivos é perigosa ou contraproducente, na medida em que pode levar ao persistir numa direção que já não é mais desejável pela empresa nem pela sua conta de exploração.

PREJUÍZOS AVULTADOS

O Banco A definiu como seu objetivo anual crescer substancialmente o crédito concedido a empresas do setor de produtos químicos do seu país. Os produtos químicos eram uma indústria muito rentável e com rácios de solidez muito fortes. Ligado a este objetivo estava um generoso sistema de incentivos que garantia um bónus avultado a quem cumprisse as metas traçadas.

Em Março um acidente numa das fábricas libertou para atmosfera uma grande quantidade de produtos tóxicos, o que levantou um enorme clamor na opinião pública.

O Governo sob intensa pressão da oposição e das manifestações populares aprovou um novo regulamento de segurança, em linha com as exigências das organizações ecologistas, que veio exigir avultados investimentos da indústria.

Os empregados do Banco A correram para as empresas químicas e financiaram os investimentos requeridos. No final do ano os bónus bateram todos os recordes.

No ano seguinte contudo muitas empresas químicas entraram em dificuldade e o custo das provisões do crédito concedido em breve superaram os benefícios obtidos pela expansão do crédito. Na verdade o aumento de custos com a segurança tornara muitas empresas pouco competitivas.

O erro foi, claro está, não ter parado para rever objetivos quando a nova legislação foi publicada. Se tal tivesse acontecido muito provavelmente o banco teria antecipado a quebra da competitividade e teria alterado os objetivos de crescimento do crédito numa indústria que se tinha tornado muito mais arriscada.

Sem mecanismos de revisão intra-anual dos objetivos o Banco A estava desarmado perante alterações do mercado e não tinha forma de se ajustar rapidamente à nova realidade.

Planos de Ação

O Plano de Marketing é, como bem salienta Hatton, um plano de segundo nível, apenas uma peça do Plano Global da Empresa que agrega também o Plano Financeiro, o Plano Operacional e Tecnológico e o Plano de Recursos Humanos.

Por sua vez o Plano de Marketing agrega ações em diversas áreas nomeadamente nas de estudos de mercado, comunicação, distribuição e desenvolvimento de produtos. Estas áreas deverão ter também os seus planos de trabalho estruturados e bem definidos. Estes serão planos de terceiro nível.

Poderemos ainda ter planos de quarto nível, por exemplo o plano de comunicação pode ser subdividido por exemplo em planos de Relações Públicas, Publicidade, Promoções e Brindes.

Esta hierarquia dos Planos ajuda a compreender o processo que o Planeamento de Marketing deve seguir, quer seja feito numa logica de baixo para cima ou de cima para baixo.

Somos claramente defensores do método de planeamento em duas fases: a primeira de cima para baixo e a segunda de baixo para cima.

Na primeira é feita a análise macro e definida a estratégia e os objetivos globais e depois em cascata as áreas (marketing, financeira, operacional, etc.) definem os seus objetivos (compatíveis com os objetivos globais) e definem as ações que os concretizem.

Numa segunda fase, "de baixo para cima", são agregados os objetivos e as ações, assegurando-se a cada nível uma compatibilidade de resultados. Isto é não subindo ao nível seguinte de agregação antes de nesse nível estarem bem definidos os objetivos e as ações compatíveis com os objetivos globais.

Seria difícil, diríamos mesmo impossível, ao responsável pelas Relações Públicas elaborar o seu plano de ação sem saber quais os objetivos de comunicação. A hierarquia dos planos deve ser respeitada.

As ações devem ser muito concretas, descritas por um verbo de ação e ter uma pessoa diretamente responsável pela sua execução (mesmo que tenha de colaborar com outras para a execução da ação).

Importante que as ações sejam estabelecidas com grande detalhe no Plano de mais baixo nível, podendo depois ser agrupadas e sumariadas em Planos de Nível Superior.

Controlo de Implementação

O controlo da implementação do Plano de Marketing é essencial quer para i) verificar se as ações previstas foram executadas por quem dia e no prazo estipulado, ii) aferir se surtiram o efeito previsto, iii) se poder tomar as medidas corretivas que a situação e a evolução do mercado exija.

O controlo faz-se através da definição antecipada e para cada ação inscrita no plano de uma ou várias medidas de aferição. Estas medidas devem permitir comparar ao longo do tempo e em cada fase de implementação do Plano de Marketing os objetivos com os resultados obtidos. A análise de desvios é a peça essencial do controlo. O principal objetivo é o de aprender com a experiência e de afinar a atuação para otimizar os resultados.

A informação de gestão que permite o controlo do plano deve ser desagregável para cada nível de responsabilidade. Assim para o objetivo de crescimento de Depósitos a Prazo, ou de Vendas de seguros de Vida deve ser possível ter a informação total e agregada ao nível da empresa de serviços financeiros (para o Conselho de Administração), a informação por segmentos ou mercados, a informação por região geográfica, a informação por canal de distribuição, a informação por sucursal ou por agência e a informação individual por comercial.

Assim cada um ao seu nível de responsabilidade pode seguir o seu desempenho e ajustar a sua atuação.

A informação deve ser explicativa, isto é poder determinar as causas de afastamentos ou aproximações imprevistas face aos objetivos, quer por causas internas, desempenho positivo/negativo, quer por causas externas, alterações de procura, restrições legais ou regulamentares, etc. Uma informação explicativa é normalmente acionável, isto é, permite delinear cursos de ação.

Naturalmente deve também ser rigorosa, atempada. A necessidade de encontrar um equilíbrio entre o rigor e a rapidez de produção, antes uma questão relevante devido ao tempo necessário para recolher e coligir a informação, está hoje esbatida devido ao sistemas informáticos que permitem tratar volumes grandes de informação em períodos muito curtos.

Uma contabilidade analítica e de custos bem estruturada é uma peça indispensável para um bom sistema de informação de gestão.

BIBLIOGRAFIA

Hatton, A. (2000), *The Definitive Guide to Marketing Planning*, London, Prentice Hall.

Levitt, Theodore (1960), "Marketing Myopia" in Harvard Business Review, Número 38, pp. 24-47.

Kotler, Philip (1981), *Administração de Martketing – análise, planejamento e controle*, São Paulo, Editora Atlas.

McDonald, M., (2006), "Strategic Marketing Planning: Theory and Practice" in Marketing Review, volume 6, n.º 4, pp 375-418.

McDonald, M and A. Payne (2005), *Marketing Plans for Service Businesses*, Oxford, Butterworth-Heinemann.

VIII
Organização de Marketing

A organização interna das funções de Marketing nas empresas de serviços financeiros segue, em geral, uma de quatro alternativas bem tipificadas: i) funcional, 2) produtos, 3) mercados e 4) matricial (Weitz e Anderson, 1981).

Organização funcional

A primeira organiza a equipa de Marketing sob um único chapéu e no interior da equipa por funções (estudos de mercado, publicidade, etc.).

FIGURA 8.1.– Organização Funcional

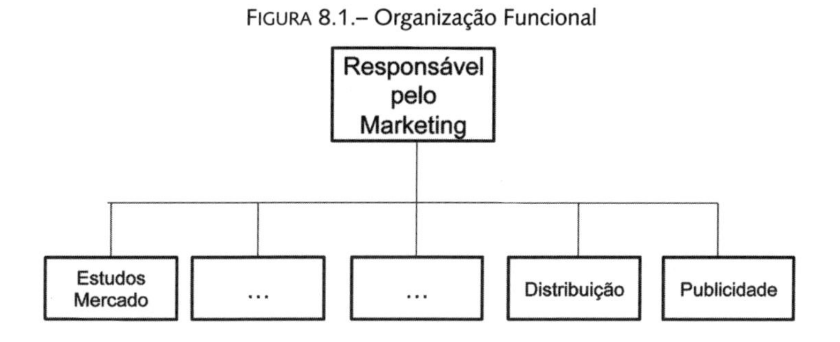

Organização por produtos

A organização por produtos implica a existência de gestores de produtos/serviços responsáveis pela gestão do compósito de marketing. Cada gestor de produto responde pelos resultados do seu produto/linha de produtos e é ele que define/propõe aspetos tão importantes como o preço, a distribuição, a configuração do produto/serviço, a promoção e os processos.

A organização por produtos pode ainda incluir uma área geral de apoio aos gestores de produto e que terá a seu cargo entre outras a função de preparar a informação de gestão e os estudos de mercado.

FIGURA 8.2. – Organização por Produtos

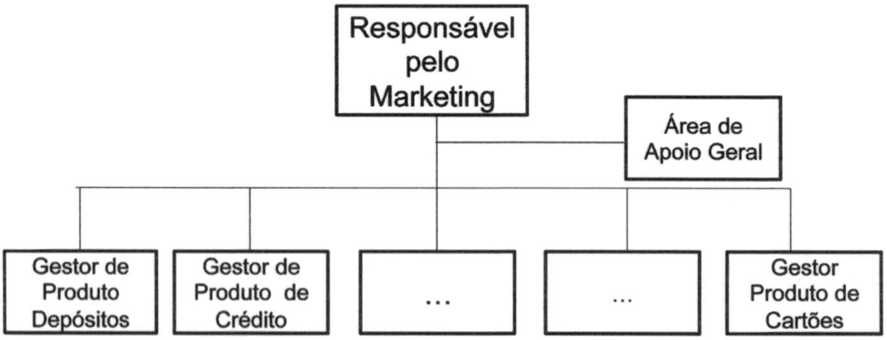

Responsável pelo Marketing
Área de Apoio Geral
Gestor de Produto Depósitos
Gestor de Produto de Crédito
...
...
Gestor Produto de Cartões

Este tipo de organização por produtos foi durante muito tempo a mais utilizada pelos bancos em Portugal.

Organização por mercados ou segmentos

A organização por mercados/segmentos assenta em gestores de segmentos que gerem segmentos de clientela bem definidos e que para eles preparam uma oferta integrada, integrando vários produtos/serviços.

Neste tipo de organização os especialistas de produto servem sob as ordens dos gerentes de segmento e limitam-se desenhar os seus produtos de acordo com as especificações dos Gerentes de Segmento.

A existência de áreas de apoio permite evitar algumas redundâncias de funções no nível abaixo ao dos gestores de produto, e que terá a seu cargo entre outras a função de preparar a informação de gestão e os estudos de mercado.

FIGURA 8.3. – Organização por Mercados/Segmentos

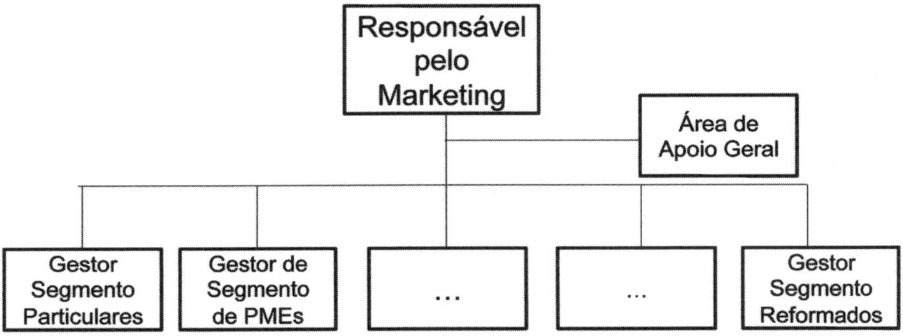

Responsável pelo Marketing

Área de Apoio Geral

Gestor Segmento Particulares

Gestor de Segmento de PMEs

...

...

Gestor Segmento Reformados

Uma versão deste tipo organizacional leva mais longe a especialização por segmento ao ponto de criar áreas de negócio completamente autónomas, funcionando como silos independentes.

O Banco Comercial Português adotou no seu início (nos anos 80 do século XX) uma organização em áreas de negócio autónomas, baseadas em diferentes segmentos de mercado e cada uma delas dotada da sua Direção de Marketing. No seu interior essas direções estruturavam-se por produtos.

Organização em matriz produtos segmentos

A forma de combinar as vantagens da especialização por produtos e por segmentos de mercado é conseguida através de uma organização matricial.

Existem depois duas formas básicas de materializar este tipo de organização: a) sob um mesmo responsável que dirige simultaneamente os gestores de produto e os gestores de segmentos; b) sob o comando de dois diretores diferentes, um responsável por segmentos e outro por produtos.

Este tipo de organização exige um esforço de diálogo entre os gestores de segmento e produto, que seguindo lógicas diferentes, se têm de entender para o desenvolvimento de ofertas concretas.

Para o gestor de segmento o gestor de produto surge como um fornecedor e para o gestor de produto o gestor de segmento surge como um canal de distribuição.

FIGURA 8.4. – Organização matricial

	Gestor Segmento Particulares	Gestor de Segmento de PMEs	...	...	Gestor Segmento Reformados
Gestor de Produto Depósitos					
Gestor de Produto de Crédito					
...					
...					
Gestor Produto de Cartões					

FAZER OU COMPRAR?

Muitas funções de Marketing podem ser encomendadas a empresas especialistas. Por exemplo os Estudos de Mercado podem ser feitos internamente ou subcontratados com entidades externas, o desenvolvimento de campanhas publicitárias e a compra de espaço nos meios de comunicação pode ser feito pela empresa ou comprado a Agências de Publicidade ou a Agências de Meios.

O que fazer e o que comprar, surge assim como uma questão fundamental de cuja resposta resultam significativas implicações para a organização de Marketing da empresa de serviços financeiros.

Em vários países bancos, seguradoras de pequena dimensão transferiram a totalidade da função de Marketing para entidades especializadas. Esta contudo é uma opção muito arriscada, que a generalidade das entidades de maior dimensão não está ainda preparada para tomar.

Em Portugal as funções que os Bancos geralmente subcontratam a empresas especializadas externas incluem: os estudos de mercado, a publicidade, a compra de espaço nos media e as relações públicas.

A subcontratação implica contudo que no interior da empresa permaneçam especialistas que dominem estas técnicas e que possam saber o que pedir, acompanhar e controlar os trabalhos e interpretar e avaliar os resultados.

REGRAS E NORMAS

Todas as organizações requerem um certo grau de formalização e a observação de regras e normas de trabalho.

Quinn e Rohrbaugh identificaram quatro tipos organizacionais (ver Figura 8.5) que se dispõem em dois eixos primordiais: orientação para o exterior ou para o interior e flexibilidade ou estabilidade. As empresas mais inovadoras são claramente as que são simultaneamente mais orientadas para o exterior e que são flexíveis, pelo contrário as empresas mais conservadoras são as que são orientadas para o seu interior e que privilegiam a estabilidade e o controlo.

Em Portugal os Bancos e as Seguradoras assumem em geral o perfil de organizações hierárquicas com processos de decisão muito estruturados e definidos, nomeadamente os processos que implicam a assunção de riscos, como o crédito ou a subscrição de certo tipo de seguros, com uma linha de comando e controlo muito nítida e com uma preocupação de rigoroso e escrupuloso cumprimento, a todos os níveis, das numerosas regras regulamentares impostas pelas autoridades.

Este perfil organizacional contrasta com o perfil mais virado para o exterior, onde se encontram os Clientes, necessário num mundo competitivo como o atual. Algumas organizações procuraram ultrapassar este dilema circunscrevendo a natureza hierárquica da organização às operações e serviços centrais de apoio e implementando uma cultura mais racional ao nível do Departamento de Marketing e área comercial. Este tipo de esquizofrenia é primeiro difícil de implementar e segundo é geradora de fortes conflitos internos.

Inseridos em organizações hierárquicas os Departamentos de Marketing dos grandes empresas de serviços financeiros tendem a ter que externalizar a inovação, recorrendo a serviços de empresas de consultoria estratégica ou copiando os produtos e serviços já lançados noutros países mais dinâmicos, ou criando equipas de projeto que desenvolvem o seu trabalho fora do ambiente mais constrangedor da organização hierárquica.

Este modelo funcionou relativamente bem quando foi necessário recuperar o atraso do setor financeiro nacional e modernizá-lo. Foi este modelo que permitiu aos bancos privados derrotar os incumbentes públicos.

À medida que o setor se aproximou de parâmetros internacionais a velocidade de inovação substantiva desacelerou sinal evidente que esse modelo se tem vindo a esgotar.

O grande desafio que o setor financeiro enfrenta é o de evoluir de organizações mais hierárquicas para um tipo de organização mais racional e orientada para o exterior. Só um passo neste sentido pode revitalizar a inovação quando o tempo já não é tanto de copiar e aperfeiçoar melhores práticas alheias mas antes de ser o primeiro a desenvolver e implementar novas ideias, práticas e serviços.

FIGURA 8.5.

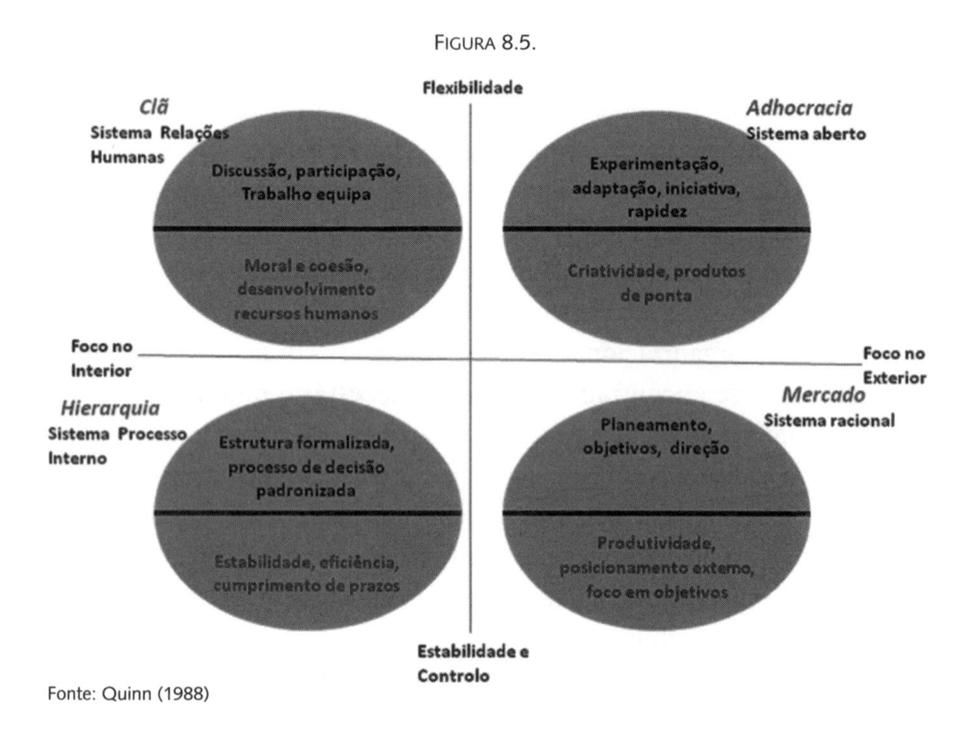

Fonte: Quinn (1988)

A ORGANIZAÇÃO É IMPORTANTE?

A forma como cada empresa se estrutura internamente tem um forte impacto no seu desempenho e nos seus resultados.

A posição dominante na literatura académica ensina-nos que o tipo de organização adotado por uma empresa tem uma influência direta e determinante a três níveis: i) eficácia, ii) eficiência e iii) adaptabilidade.

Por eficácia entende-se aqui a capacidade da empresa atingir os objetivos a que se propõe (fazer as coisas certas), por eficiência a relação entre os fatores de produção e os produtos/serviços vendidos (fazer bem as coisas, i.e. com baixo custo, qualidade e rapidez). A adaptabilidade refere-se à capacidade da empresa de mudar face às alterações dos mercados que serve.

As relações entre organização e desempenho têm de ser encontradas nas características da organização. Estas características podem segundo Daltan *et al.* (1978) ser agrupadas em dois grandes grupos: as características estruturais (*strucutural*) e as características estruturantes (*structuring*).

Características estruturais

As características estruturais são os traços organizacionais físicos como o tamanho da organização e das suas unidades, a amplitude de comando (*span of control*), a amplitude vertical (*vertical span*) e a intensidade administrativa.

O tamanho da organização refere-se ao número de pessoas que a integram, a amplitude de comando é o número de subordinados que cada chefia enquadra, a amplitude vertical é o número de níveis hierárquicos existentes na organização e a intensidade administrativa o ratio entre o número de empregados administrativos e o total de empregados da organização.

Por exemplo um grande banco pode querer ser uma organização achatada (*flat*), isto é, com uma pequena amplitude vertical, mas tem de estar consciente que tal significa aumentar a amplitude de comando (cada chefe dirigirá um número superior de subordinados) o que por seu turno diminuirá a sua capacidade de supervisionar o desempenho dos seus colaboradores.

Os múltiplos estudos efetuados sobre a relação das características estruturais das organizações e o seu desempenho têm em geral produzido resultados muito díspares, o que é sintoma que uma solução adequada a uma dada empresa pode ser totalmente desadequada para outra mesmo que compita no mesmo mercado.

Exemplo de uma organização multisecular bem-sucedida é a Igreja Católica, que se organiza numa estrutura achatada, com apenas três níveis hierárquicos (Papa, Bispo e Padre) e em que cada um tem uma amplitude de comando grande.

Cada entidade, cada empresa tem de decidir como se pretende organizar e ao fazê-lo deve levar em conta as caraterísticas estruturais.

Características estruturantes

As características estruturantes referem-se a políticas organizacionais que moldam o comportamento dos indivíduos no interior da organização.

As principais características estruturantes são a especialização, a formalização e a centralização.

A especialização pode ser medida pelo número de funções diferentes que existem no interior da organização – nesta perspetiva quanto maior o número de funções mais especializada e mais complexa será a empresa.

A formalização mede-se pelo grau de regulação e descrição escrita do comportamento apropriado a cada função. A existência de normas, regulamentos, códigos de ética, manuais, etc. são sinais da formalização.

A centralização é aferida pelo nível hierárquico onde são tomadas as decisões. Centralização elevada quando as decisões são quase todas tomadas no topo da organização por um pequeno número de indivíduos, descentralização quando muitas decisões importantes são tomadas pelos escalões mais baixos da organização.

Relacionamento com área comercial

O relacionamento entre o Departamento de Marketing e a área de vendas é crucial para o bom desempenho de qualquer empresa. Christian Homburg e os seus colegas estudaram a estrutura de relacionamento entre o Departamento de Marketing e a área comercial em mais de 300 empresas europeias de vários setores, incluindo os serviços financeiros. Dessa extensa análise resultou uma classificação em cinco grupos diferentes:

- Torre de Marfim (*ivory tower*) – em que o Departamento de Marketing está isolado em defesa de uma perspetiva de orientação para o Cliente enquanto a organização e a área comercial mantêm uma estrita orientação operacional e de produto. É uma situação de divergência e desalinhamento interno que é, a prazo, insustentável.

- Profissionais focados na Marca (*brand-focused professionals*) – em que o Departamento de Marketing assume um papel de liderança e a área comercial segue as suas orientações. Total alinhamento institucional entre Departamento de Marketing e estrutura comercial permite um funcionamento eficiente da organização.
- As Vendas mandam – em que a área comercial é o verdadeiro especialista de produtos e o Departamento de Marketing apenas um apoio operacional. É o mundo ao contrário. Infelizmente situação bem presente em algumas empresas portuguesas de serviços financeiros, nomeadamente em segmentos mais especializados (corporate, banca de investimentos, etc.). Tem a vantagem de garantir completo alinhamento entre as duas áreas.
- Marketing como Advogado do Diabo (*marketing-driven devil's advocacy*) – em que o Departamento de Marketing é o grande defensor de uma visão centrada no produto e é a área comercial a defender a orientação para o Cliente. Outra situação de desalinhamento interno.
- Simbiose orientada para as Vendas (*sales-driven symbiosis*) – em que o Departamento de Marketing como especialista em mercados e a área comercial como especialista em produtos, trabalham em conjunto para delinear cursos de ação concertados.

O trabalho de Homburg *et al.*, foi mais longe e comparou os resultados obtidos pelas empresas de cada um destes cinco grupos, tendo chegado à conclusão que os modelos de Simbiose orientada para as Vendas e Profissionais focados na Marca são os que produzem melhores desempenhos em termos de vendas e de rentabilidade. Apesar dos dois modelos serem claramente superiores aos restantes, o modelo de Profissionais focados na Marca é o que melhores resultados produz.

A razão deste melhor desempenho prende-se por um lado com o alinhamento e cooperação que estes dois modelos permitem e por outro a superior conhecimento do mercado e dos clientes que geram. Nesse sentido os autores aconselham a uma rotação de pessoal entre o

Departamento de Marketing e a área comercial, visitas conjuntas a clientes, permanência periódica de executivos do Departamento de Marketing na área comercial por alguns dias.

Influência do Departamento de Marketing na Organização

Vimos que algumas funções de Marketing podem não estar organizacionalmente atribuídas ao Departamento de Marketing. Em vários bancos e empresas financeiras portuguesas existem Departamentos ou áreas de Planeamento que absorvem muitas das principais funções do Marketing no que toca à definição da estratégia. Existem também instituições em que a gestão de produtos está separada da comunicação e outras ainda em que só a área financeira possui a capacidade técnica para desenvolver produtos financeiros mais sofisticados. Nas seguradoras existe, em algumas empresas, um peso excessivo das áreas atuariais no desenho e preçário dos produtos.

O preço tende também em muitas empresas portuguesas a não estar totalmente na esfera do Departamento de Marketing e a ser uma responsabilidade partilhada com outras áreas, nomeadamente com a área financeira e com a área comercial.

A intervenção do Departamento de Marketing em termos de rede de distribuição é também muitas vezes limitada.

Esta atribuição de várias funções do Marketing a diferentes departamentos provoca uma dispersão que dificulta a gestão e, pode provocar uma falta de coordenação fatal em mercados competitivos.

A influência dos Departamentos de Marketing é, em geral, um bom aferidor da orientação da empresa financeira para o Cliente. Quanto maior a sua influência tanto maior essa orientação.

De acordo com os estudos levados a cabo pelos Professores Peter C. Verhoef e Peter S.H. Leeflang da Universidade de Groningen na Holanda a influência do Departamento de Marketing na estratégia da empresa depende de dois fatores essenciais: o seu grau de inovação e do seu grau de responsabilização (implicando a medição dos resultados das suas ações).

De acordo com estes autores um Departamento moderadamente influente é responsável pela segmentação e pelo posicionamento, pela satisfação de clientes, pela publicidade e pelos programas de fidelização. As decisões sobre preços e distribuição não são, essencialmente, da responsabilidade do Departamento de Marketing e a influência do Departamento em decisões como investimentos em tecnologias de informação é limitada (Verhoef e Leeflang, 2009).

Embora a influência dos Departamentos de Marketing seja diferenciada de empresa para empresa, podemos dizer que na generalidade das empresas financeiras portuguesas ela é ainda moderada ou pequena, na medida em que não controla, nem influência, parte substancial dos 7 P.

Mais recentemente, com a crise financeira, com a necessidade de ajustamento a diversos constrangimentos financeiros, com a premência de obtenção de liquidez, coma intervenção estatal, com a imposição de novos regulamentos, a influência do Departamento de Marketing nos bancos e demais empresas financeiras portuguesas diminuiu substancialmente. Diga-se que em parte por culpa própria na medida em que não perceberam as mudanças estruturais que se desenrolavam na sua envolvente nem delinear estratégias que melhor adaptassem a empresa ao seu novo entorno competitivo.

No entanto essa perca de influência não é benéfica para as empresas, nem para os clientes. Quando for visível o prejuízo causado por essa situação em termos de quotas de mercado, de rentabilidade e de satisfação de Clientes essa influência voltará a reforçar-se.

Mas para isso os Departamentos de Marketing devem dotar-se de um conhecimento mais profundo da envolvente e redefinir estratégias. Importante também será o reforço das ferramentas que permitam a sua responsabilização – não é aceitável que se não conheça o impacto nas venda e na rentabilidade das campanhas publicitárias, das promoções e de outras ações.

PRINCIPAIS FUNÇÕES

Em mercados de trabalho regulados cada categoria profissional e sua respetiva descrição estão plasmados em documentos de contratação coletiva, que definem minuciosamente quais as responsabilidades de indivíduo da organização.

Em Portugal contudo ao nível da banca os vários contratos coletivos são globalmente omissos nesta matéria. O Sindicato dos Bancários Sul e Ilhas negociou vários acordos e contratos coletivos ao longo dos anos e embora eles refiram as categorias profissionais elas são tão genéricas que não é claro o que se espera de cada uma delas ao nível do Marketing.

Tipicamente a carreira de Marketing num banco português enquadra-se nas seguintes categorias:

- Administrador
- Diretor
- Diretor Adjunto
- Subdiretor
- Técnico Grau I
- Técnico Grau II
- Técnico Grau III
- Técnico Grau IV
- Assistente Técnico

Em que Assistente Técnico é o ponto inicial da carreira e em que o Administrador é o responsável máximo do Marketing. Estas categorias profissionais mostram a existência de uma hierarquia bem definida e diferentes graus de especialização mas pouco nos dizem sobre o seu conteúdo funcional. Aliás estas categorias funcionais são também as que se aplicam a outras áreas dos bancos. Esta falta de especialização mostra o estágio embrionário que a profissão e as suas múltiplas especializações ainda apresentam em Portugal.

Por exemplo no acordo coletivo de trabalho francês está definida a profissão de Especialista de Marketing com a seguinte definição "responsável de marketing, responsável de estudos de mercado, responsável de produtos, responsável de promoção de marketing, animador comercial e marketing"[32]. Trata-se também de uma definição muito ampla embora tenha a vantagem de segregar as funções de marketing das outras funções internas.

[32] Convention collective de la banque et accords professionnels 2012. http://www.afb.fr/web/Internet/InterMain.nsf/DocumentsByIDWeb/8XNDPC/$File/convention_collective_2012-072012.pdf

Vejamos então que categorias profissionais se conseguem detetar na realidade ao nível do Marketing Bancário em Portugal:

Nível Hierárquico	Funções desempenhadas
Primeira Linha	Diretor de Marketing Diretor de Comunicação
Segunda Linha	Gestor de Linha Produtos Gestor de Segmento
Terceira Linha	Gestor de Produto Técnico de Comunicação Técnico de Imagem Técnico de Informação Assistente Administrativo

E que formação é necessária para desempenhar tarefas de marketing em empresas de serviços financeiros?

Sem dúvida que nas categorias de Assistentes e de técnicos o ensino secundário completo (12.º ano) ou uma licenciatura em Gestão ou em Marketing. Para funções mais complexas da área técnica ou de gestão um Mestrado[33] em Gestão ou em Maketing ou Doutoramento é relevante.

Para funções mais especializadas outras formações são relevantes. Na área da gestão de informação e CRM formação superior na área da estatística, da matemática aplicada ou da programação informática é essencial. Para a área da comunicação e das relações públicas saber escrever é essencial e licenciatura em Letras pode ser uma boa formação base.

Os Departamentos de Marketing também precisam de *designers* gráficos e cada vez mais designers que trabalhem em suportes digitais e desenvolvem trabalhos para a internet e o mobile.

A especialização é cada vez maior e para funções de chefia e gestão exige-se para além de experiência e de uma visão estratégica e de um domínio genérico das várias funções uma sólida formação especializada.

[33] Graus académicos alinhados com processo de Bolonha. Considera-se licenciaturas pré--Bolonha como mestrados pós-Bolonha

BIBLIOGRAFIA

Dalton. Dan R. e Gordon J. Fielding, Lyman W. Porter, Michael J. Spendolini e William D. Todor (1978), *Structure and Performance: A Critical Review*, Working Paper 79-10, University of California, Irvine.

Homburg, Christian, Ove Jensen e Harley Krohmer (2008), "Configurations of Marketing and Sales: A Taxonomy" in Jounal of Marketing, Volume 72, Número 2, pp. 133-154.

Morgan, G. (2007), *Images of organization*, Thousand Oaks: Sage.

Quinn , Robert E. e John Rohrbaugh, (1983), "A Spatial Model of Effectiveness Criteria: Towards a Competing Values Approach to Organizational Analysis" in Management Science, Volume 29, Número 3.

Ruekert, Robert W. e Orville C. Walker Jr. e Kenneth J. Roering (1985), "The Organization of Marketing Activities: A Contengency Theory of Structure and Performance" in Journal of Marketing, Volume 49, Winter, pp. 13-25.

Verhoef, Peter C. e Peter S.H. Leeflang (2009), "Understanding the Marketing Department's Influence Within the Firm" in Journal of Marketing, Volume 73, pp. 14-37.

Weitz, Barton e Erin Anderson (1981), "Organizing and Controlling the Marketing Function" in *Review of Marketing 1981,* editores Barton Weitz e Erin Anderson, Chicago, American Marketing, pp. 134-142.

Zey-Ferrell, Mary (1981), "Criticisms of the Dominant Perspective on Organizations" in The Sociological Quarterly, Volume 22, Número 2, pp. 181-205.

IX

Internacionalização

De acordo com Robert A. Blecker, Professor de Economia da American University, em Washington, DC, "a partir do início dos anos 70 a economia global deu um salto enorme no grau de integração dos mercados financeiros. Em grande medida, esta mudança foi o fruto de políticas deliberadas, como a eliminação do controlo de capitais e a desregulamentação dos mercados financeiros domésticos"[34].

Se há mercado liberalizado em que os seus produtos circulam livremente por todo o mundo, esse mercado é o dos serviços financeiros. Dos três famosos fatores de produção dos autores clássicos – a terra, o trabalho e o capital, – aquele que é verdadeiramente móvel na económica internacional é o capital, estando obviamente a terra fixa e o trabalho limitado na sua circulação por fortes restrições à sua mobilidade.

De facto os serviços financeiros são o setor económico mais internacionalizado, estando os intervenientes mais importantes presentes em praticamente todos os países. Gigantescos bancos mundiais, colossais companhias de seguros. Em Portugal atuam bancos internacionais como o Citi, o Barclays, o HSBC, o Santander, o BBVA entre outros. Têm também

[34] Robert A. Blecker, Financial Globalization, Exchange Rates, and International Trade.

presença em Portugal importantes seguradoras como a AIG, a Zurich, a Axa, a Allianz, entre outras.

Noutro sentido alguns bancos portugueses têm vindo a dar alguns tímidos passos, nem sempre bem-sucedidos, na senda da internacionalização. Os principais bancos portugueses têm operações, de maior ou menor dimensão, no exterior nomeadamente nos maiores países de expressão portuguesa.

Assim, Portugal é simultaneamente destino e origem de fortes ligações internacionais de caracter prolongado. O marketing internacional faz pois parte dos instrumentos de trabalho dos profissionais de marketing das empresas financeiras que operam no mercado português.

GLOBALIZAÇÃO SIM OU NÃO?

Prossegue ainda no mundo académico uma intensa discussão sobre a globalização e os seus efeitos. Uns defendem que caminhamos para um mundo plano, uniforme e globalizado, outros referem que o nível de integração económica não é mais elevado do que já foi no passado e que as novas tecnologias permitem a todos afirmar a sua identidade.

O que é

Standley Fisher[35] definiu a globalização como "o processo em curo de aumento de interdependência entre países" que implica um volume crescente de comércio transfronteiriço de bens e serviços, bem como o crescente fluxo de capital no mundo e a crescente mobilidade do trabalho.

Segundo Fischer, no final dos anos 70 os fluxos de capital dos países ricos para os países em desenvolvimento consistiam basicamente de empréstimos bancários mas nos finais dos anos 90 eles eram essencialmente investimento estrangeiro direto. A emigração por seu lado tem

[35] Economista israelita, foi Economista-Chefe do Banco Mundial e Governador do Banco Central de Israel. Colaborou de perto com Rüdiger Dornbusch que desenvolveu o modelo do "overshooting" que procura explicar a volatilidade das taxas de cambio.

aumentado e hoje cerca de 10% da população dos Estados Unidos é constituída por emigrantes.

Robert Wade faz, contudo, notar que em 1996 nas maiores economias do mundo mais de 80% da produção se destinava ao consumo doméstico e mais de 80% do investimento era proveniente de investidores domésticos.

Um mercado globalizado implica um preço igual em todo o planeta. Isso traduzir-se-ia em taxas de juro real em paridade idênticas e em taxas de câmbio estáveis. Nenhum destes requisitos se verifica. As taxas de juro-real têm enormes variações e existe uma forte volatilidade no mercado cambial. Esta situação tem levado muitos autores a questionar a existência de uma verdadeira globalização do mercado financeiro, limitando-se a constatar uma forte mobilidade do capital e nada mais.

Causas e fatores

Vimos que a globalização dos serviços financeiros é em grande medida fruto de políticas deliberadas, sob a égide dos Estados Unidos, de eliminação de barreiras à circulação de capitais. Mas sem os extraordinários avanços das telecomunicações e do processamento e armazenamento de informação que os computadores permitem essa circulação seria consideravelmente menor e mais lenta.

Outras causas próximas são por um lado o abandono do sistema de Bretton Woods de câmbios rígidos e a adoção internacional de um sistema de câmbios flutuantes e por outro, o exponencial aumento do comércio internacional de bens em consequência da baixa das tarifas alfandegárias conseguidas com os acordos da Organização Mundial do Comércio (World Trade Organization – WTO).

A globalização resulta assim da combinação dos avanços tecnológicos e de políticas que os alavancam.

Múltiplas visões

Existe abundante literatura sobre a globalização e os seus efeitos. Existe contudo três visões diferenciadas sobre o fenómeno de internacionalização a que temos assistido nas últimas décadas.

- Os híper-globalistas – que sustentam que o mundo está em processo de globalização e que a interdependência e o comércio entre países e regiões nunca foram tão grandes. No interior desta corrente existe um grupo que defende que caminhamos para o desaparecimento do Estado-nação como o conhecemos a partir do século XIX e que outro tipo de organização política de caracter supranacional tenderá a ocupar o seu lugar.
- Os céticos – que defendem que o nível de integração económica mundial de hoje não é substancialmente diferente da que existiu no passado e que, consequentemente, não existe qualquer perigo iminente do desaparecimento do estado-nação nem de diluição das múltiplas culturas nacionais.
- Os transformacionalistas – que aceitam a globalização mas a vêm como um encontro entre o local e o global e não uma simples absorção do global que anularia e destruiria o local. Um processo de adaptação e de mútua acomodação. Esta fusão das duas esferas está sintetizada no novo vocábulo "glocal".

Ao nível da Europa a crescente integração económica e política parece dar razão aos híper-globalistas. Em Portugal sentimos claramente a impotência do Estado, despojado das tradicionais alavancas da política económica (a política cambial, a política monetária, a política orçamental), e a necessidade de pedir uma ajuda externa dada sobre forte condicionalismo, i.e. com exigência de cumprimento estrito de uma dada política. Mas Portugal não é aqui uma exceção, outros estados-nação como a Grécia, a Irlanda, o Chipre, a Espanha e a Itália revelaram a mesma debilidade.

O estado soberano surge assim em todo o seu esplendor de executante de uma política imposta do exterior. Nada poderá ser mais revelador do presente do Estado-nação e indiciador do seu futuro.

Esta realidade tem fortes implicações para as empresas de serviços financeiros que devem interiorizar que não mais estarão reguladas e enquadradas pelo Estado Português e cada vez mais quase exclusivamente por um poder regional, a União Europeia. O peso relativo de um banco grande em Portugal dilui-se ao nível da União e a sua voz deixa de ser tão escutada quanto era no seu país.

Mas a escola transformacionalistas também tem uma grande dose de verdade quando insiste que o local, a cultura, os hábitos de compra, as práticas de negócio subsistirão e se transformarão mais lentamente. Daí que as empresas que se queiram internacionalizar deverão ter em atenção as questões interculturais quer na sua gestão interna, uma vez que terão equipas em vários países, quer na oferta que apresentam no mercado.

LEVITT E A GLOBALIZAÇÃO DOS MERCADOS

Theodore Levitt foi, com o seu trabalho "The globalization of markets", um dos primeiros a analisar o fenómeno da globalização do ponto de vista do Marketing. Este artigo teve um tremendo impacto na forma de atuar da empresas e das práticas de Marketing pelo que o analisamos aqui com algum detalhe.

Levitt acreditava que a tecnologia estava a funcionar como um poderoso imane aglutinador dos povos, das culturas e da procura mundial. "Uma força poderosa impele o mundo para uma convergência e essa força é a tecnologia. Ela proletarizou a comunicação, o transporte e o viajar. Tornou os locais isolados e as pessoas empobrecidas avidas pelas amenidades da modernidade. Quase toda a gente em quase todos os lugares querem as coisas que viram, ouviram falar ou que experimentaram via novas tecnologias"[36].

A tecnologia segundo Levitt estava a homogeneizar a procura e a tornar obsoleta a estratégia das multinacionais de adotar a sua oferta a cada mercado local, de ajustar os produtos e serviços às preferências e às culturas de cada país.

Levitt proclama que as empresas multinacionais estão ultrapassadas, que são medievais. No seu lugar defende a empresa global. "A multinacional e a empresa global não são a mesma coisa. A multinacional opera em vários países e ajusta a sua prática e a sua produção a cada um deles – suportando por isso custos relativamente elevados. A empresa global opera com resoluta constância – a custos relativamente baixos – como se o

[36] Theodore Levitt, "The globalization of Markets"

mundo inteiro (ou grande parte dele) fosse uma única entidade; ela vende a mesma coisa, da mesma maneira em todo o lado"[37].

A multinacional adapta-se e paga um preço (custo) por essa adaptação, a empresa global vende o seu produto sem qualquer ajuste e reduzindo, por isso, os custos próspera.

A empresa global deve essencialmente competir pelo preço, apresentando um produto/serviço padronizado a baixo custo, aproveitando as economias de escala que um mercado mundial permite obter. E o baixo custo é a linguagem universal que todas as culturas conhecem e percebem.

Escrevendo em 1983 Levitt percebe que subsistem pelo mundo muitas diferenças de culturas, de gostos, de padrões e de instituições, mas vê-os como vestígios do passado em processo, mais ou menos rápido, de declínio. Essas particularidades nacionais ou regionais ou se globalizam, como a comida chinesa ou a música jazz, ou tenderão a desaparecer na onda de homogeneização criada pela revolução tecnológica.

Assim a sua visão pode sumariar-se na seguinte passagem do seu artigo "Dois vetores moldam o mundo – tecnologia e globalização. O primeiro ajuda a determinar as preferências humanas; o segundo, as realidades económicas. Independentemente de as preferências evoluírem e divergirem, elas convergem gradualmente e formam mercados onde as economias de escala geram a reduções de custos e de preços"[38].

Esta tese, vinda de um reputado académico do Marketing, gerou muita controvérsia mas veio rapidamente a tornar-se a visão dominante. Ela vem contrariar a visão tradicional, que prescrevia o estudo das particularidades de cada país, dos hábitos, gostos e preferências de cada mercado nacional e a adaptação da oferta a essas preferências. Ela dá um salto qualitativo e exige a adaptação do produto não a cada mercado, mas às necessidades comuns sentidas por muitos independentemente do país onde vivem. Os mercados e os segmentos não devem ser desenhados sobre os espaços limitados de uma região ou país, mas sobre o mundo inteiro.

Muitos críticos não deixaram de notar que sendo que a tendência para a homogeneização da procura estivesse claramente apreendida por Levitt

---

[37] Theodore Levitt, "The globalization of Markets".

[38] Theodore Levitt, "The globalization of Markets".

ela levaria décadas senão séculos a materializar-se e que no estado atual é preferível continuar a contar com diferenças claras entre mercados. O sucesso de grandes empresas que atuam segundo os princípios definidos por Levitt mostra que, pelo menos em parte, tinha razão. Entre estas empresas contam-se as de novas tecnologias, mas também outras como a McDonald, com os seus hambúrgueres padronizados, a Coca-Cola, a Zara e muitas outras em tantos domínios. Que existem necessidades homogeneizadas que podem ser servidas por produtos/serviços padronizados à escala mundial não restam dúvidas. Mas também há mais vida para além deles.

Em termos de serviços financeiros a tese de Levitt teve um sucesso tremendo, vendo-se que os grandes bancos assumem a mesma marca e oferecem basicamente a mesma panóplia de produtos, da mesma maneira em muitos mercados.

Mas há, como veremos mais à frente, numerosas exceções e estratégias de aproximação alternativas a mercados e a países.

ESTRATÉGIAS DE INTERNACIONALIZAÇÃO

A passagem de uma empresa confinada ao seu mercado doméstico que conhece e domina para uma empresa internacional é sempre um risco que deve ser ponderado.

Muitas empresas preferem uma estratégia gradualista de aproximação aos mercados externos (ver Figura 9.1). O primeiro passo neste tipo de abordagem, que corresponde à forma mais segura de abordar um mercado, é através da exportação de produtos/serviços. O conceito é simples vender os produtos/serviços que já são produzidos para o mercado doméstico noutro mercado.

A segunda forma passa pelo licenciamento, permitindo a terceiros situados noutros mercados usar a marca ou as patentes, conhecimentos, da empresa de serviços financeiros portuguesa. No sentido inverso temos em Portugal os Promotores do Deutsche Bank, que usam a imagem desta instituição alemã e os seus serviços informáticos e operacionais. A American Express também se encontra presente no mercado português através de um contrato de licenciamento que permite ao Millennium bcp emitir os cartões desta prestigiada insígnia.

FIGURA 9.1.

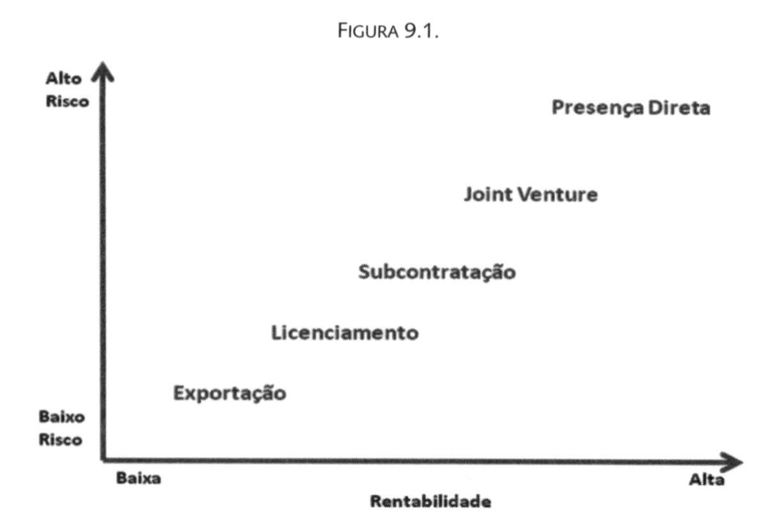

Depois temos a subcontratação. Por exemplo uma empresa de serviços financeiros portuguesa pode aproveitar o seu centro de contatos ou os seus serviços operacionais para atender clientes ou processar transações de um banco estrangeiro.

A **joint-venture** e a parceria são formas mais arriscadas mas mais comuns no âmbito dos serviços financeiros. Quando no ano 2000 o Millennium bcp decidiu desenvolver uma operação bancária na Grécia, negociou uma parceria com um importante grupo segurador local de que resultou o lançamento de um banco grego, a Nova Bank, que era detido conjuntamente pelas duas entidades. Mais tarde a parceria viria a desfazer-se, ficando o Millennium bcp com 100% da operação, e a Nova Bank foi redenominada Millennium. Nesse momento contudo o bcp tinha já um amplo conhecimento do mercado grego e estava capaz de assumir completamente o negócio.

Esta aproximação foi sistematicamente utilizada pelo Millennium bcp que mantém parcerias em Moçambique, Angola e mesmo na Polónia. O Millennium traz o músculo financeiro e a expertise bancária e os parceiros locais, em geral minoritários, o conhecimento do mercado.

A fase mais acabada e, também a mais arriscada, de internacionalização é o Investimento direto no estrangeiro. Temos recebido este tipo de investimento em Portugal de várias empresas de serviços financeiros, quer de bancos que lançaram operações de raiz em Portugal, quer de entidades que adquiriram bancos portugueses. No primeiro caso temos por exemplo o Barclays, no segundo temos o Santander que comprou o Banco Totta e Açores.

Em sentido contrário existem poucos exemplos e nem todos bem-sucedidos. O Millennium bcp na sequência da participação falhada na privatização de um importante banco romeno resolveu lançar uma operação de raiz nesse país. A Caixa Geral de Depósitos está presente em Espanha através do Banco Caixa Geral que resulta da aquisição e fusão de três bancos locais, o Banco Simeón, o Banco de Extremadura, e o Banco Luso Español.

Ciclo de vida

Quando dar o passo para a internacionalização? Naturalmente empresas existem que arrancam logo numa base global. Essa não é contudo a realidade da esmagadora maioria das empresas internacionais portuguesas.

De acordo com a teoria de Richard Vernon a internacionalização de uma empresa passa por quatro estádios: 1) servir o mercado doméstico, 2) Exportação de serviços produzidos no mercado doméstico para países semelhantes em termos de desenvolvimento e estrutura da procura, 3) Produção nos mercados externos para servir esses mercados e 4) Concentração da produção em países competitivos servindo a partir daí os mercados em que está presente.

Este padrão parece muito ajustado à experiência de internacionalização das empresas portuguesas em geral e das empresas de serviços financeiros em particular.

Nesta perspetiva os grandes bancos portugueses estão hoje no terceiro estádio, já com presença relevante no exterior, mas não tendo ainda deslocalizado a sua produção para outros mercados. Por exemplo uma melhoria nas telecomunicações permitiria aos bancos portugueses sediar parte dos seus serviços operacionais em Cabo Verde ou em Angola em que a língua é a mesma e os salários em geral mais baixos.

Esta teoria desenvolvida no pós-guerra pode surgir já ultrapassada na medida em que muitas empresas começam “pelo fim”, isto é, quando lançam novos produtos já escolhem a melhor localização para instalar a produção e muitas vezes começam por vender o produto simultaneamente em vários mercados. Veja-se o lançamento de um telefone da Apple ou da Samsung. Nos serviços financeiros, esta critica tem muito menos acutilância.

ESCOLHA DE MERCADOS

O primeiro passo em qualquer processo de internacionalização bem-sucedido começa sempre pela escolha criteriosa do (s) mercado (s) por onde começar.

Por onde começar

A empresa de serviços financeiros portuguesa que queira encetar um processo de internacionalização defronta-se com a questão de por onde começar? Porque país iniciar a sua aventura externa?

Ao escolher um país para iniciar ou prosseguir a expansão internacional a empresa de serviços financeiros deve ter em consideração os seguintes critérios:

- Risco do país – notação de risco atribuída pelas principais agências de notação.
- Cultura – proximidade ou distância cultural entre o país de origem e o de destino
- Tamanho do mercado – o mercado deve ter uma escala abordável. Para empresas de serviços financeiros portugueses mercados muito grandes, que exigem grandes investimentos iniciais, representam um risco excessivo. Países demasiado pequenos podem não ter escala suficiente para suportar uma operação rentável.
- Intensidade do mercado – grau de consumo de cada mercado. Esta dependente do nível de riqueza de cada país e da forma como esta está distribuída.
- Taxa de crescimento do mercado – dá-nos a perspetiva de como tem evoluído o mercado. Um mercado em expansão é, em geral, mais atrativo do que um mercado em retração.

- Infraestruturas – existência e qualidade das infraestruturas de um país. Muito importantes são as redes de telecomunicação.
- Regulação – enquadramento legal, laboral e regulamentar.
- Distância – distância física entre o país de origem e de destino.

O Modelo de Uppsala

Desenvolvido, em 1975, por Johanson e Wiedersheim-Paul este modelo baseia-se na experiência de internacionalização de quatro empresas suecas: a Volvo, a Atlas Copco, a Sandvik e a Facit.

O modelo introduz o conceito de distância psicologia (*psychic distance*) e defende que as empresas devem começar a sua internacionalização pelos países mais próximos em termos de distância psicológica e que este processo deve ser gradual.

A distância psíquica é a soma de várias distâncias específicas como a língua, cultura, religião, sistema político, nível educacional, grau de desenvolvimento, etc.

Assim por exemplo em termos de língua o Brasil ou Angola estarão mais psicologicamente próximos do que a França ou a Alemanha apesar de fisicamente mais distantes. Em termos religiosos a Polónia está mais próxima do que Marrocos cuja capital é a que está mais perto de Lisboa. Em termos de sistema político a França republicana está mais perto do que a Espanha que é uma Monarquia. Em termos culturais a Itália do Sul aproxima-se mais da nossa realidade do que a do Norte. Em termos de níveis educacionais Portugal está mais perto da Turquia do que da Espanha.

Este modelo corta com a opinião então dominante de que o critério principal de escolha de destinos para a internacionalização devia ser o tamanho do mercado.

Identifica como grandes obstáculos à internacionalização dois fatores principais: a falta de conhecimento e falta de recursos. A internacionalização inicial para países com baixa distância psicológica permite à empresa minimizar o investimento em conhecimento e em recursos.

Á medida que a empresa se expande para países psicologicamente próximos vai ganhando o conhecimento experimental, aquele que só se obtém através da experiencia pessoal concreta, que lhe permite abordar mercados cada vez mais distantes.

Depois de passar pela exportação, pela criação de subsidiárias comerciais, a empresa chega ao estádio de deslocalizar a produção aí começam a entrar outros fatores para além da distância psicologia, fatores como os custos de transporte e as barreiras alfandegárias e não alfandegárias.

O modelo sueco prescreve também a cooperação entre empresas no processo de internacionalização, através da gradual criação de uma rede empresarial que possa apoiar-se mutuamente.

Este modelo transposto para o caso português prescreveria uma expansão inicial em duas direções: um vetor dirigido aos países de expressão portuguesa e outro para os países latinos do Sul da Europa.

A verdade é que a internacionalização dos bancos portugueses tem passado por países de língua portuguesa (Angola, Moçambique, Cabo Verde, Brasil) e até nalguns casos pela Espanha. Mas o vetor Europa do Sul tem sido muito pouco explorado.

O Modelo OLI

O modelo OLI é também conhecido pelo paradigma eclético desenvolvido por John H. Dunning.

De acordo com esta visão as empresas devem tomar as suas decisões sobre a internacionalização analisando três vetores distintos. O primeiro é a Pr**O**priedade (*ownership*) que se refere às vantagens da própria empresa, o segundo é a **L**ocalização (*location*) que foca nos benefícios de cada localização e o terceiro à **I**nternalização isto é aos benefícios obtidos com a redução dos custos de transação.

Em termos de Propriedade a empresa deve ter em conta as vantagens intrínsecas que dispõe em termos de métodos de gestão, de tecnologias, de propriedade intelectual e qual a melhor forma de alavancar esses ativos no exterior.

A localização como vimos refere-se aos benefícios que uma região particular ou de um país pode oferecer à empresa que se quer internacionalizar. Pode ser um mercado abundante e recetivo para venda dos seus produtos/serviços, pode ser mão-de-obra qualificada para produção ou para pesquisa e desenvolvimento, mão-de-obra barata para trabalhos desqualificados, custos de energia em conta.

A Internalização coloca à empresa o dilema de se é preferível, em termos de rentabilidade, ser a empresa a produzir e distribuir o produto/serviço ou se é preferível subcontratar algumas dessas funções.

Assim por exemplo a American Express subcontratou o Millennium bcp que em Portugal emite os famosos cartões de crédito. O Santander pelo contrário possui um banco universal em Portugal, embora subcontratando parte importante das operações.

GESTÃO INTERCULTURAL

Gostaríamos aqui de citar Paul Claval que nos lembra que o multiculturalismo não é facto novo, um fenómeno saído da globalização, mas sim uma realidade constante ao longo da História da Humanidade que se caracteriza pela convivência, nem sempre pacifica é certo, de várias culturas e povos:

> "no médio Oriente e no Mundo Mediterrânico, uma multiplicidade de culturas coexistia nas áreas rurais bem como nas cidades desde a Antiguidade. Desde o tempo de Alexandre os Grande, as elites urbanas de língua grega dominavam grupos inferiores pertencentes a uma grande variedade de línguas, religiões e tradições culturais oriundas do Egipto à Ásia Central e ao Norte da Índia. A Conquista Romana não modificou substancialmente este padrão. Com o Islão, a religião e a língua dos grupos dominantes mudou, mas o mosaico cultural não foi apagado. As diásporas tiveram um papel importante na vida religiosa e económica dos grandes reinos e impérios desde os tempos antigos"[39].

Ressalta nítida a ideia que o sucesso dos gregos e dos romanos se deveu tanto às armas como a uma sábia gestão intercultural que conseguia agregar indivíduos com tradições e culturas muito diferenciadas.

[39] Claval, 2001, pág. 1.

O sucesso de Portugal na sua expansão marítima, iniciada no século XV, assentou também nessa combinação da força e da capacidade para interagir com outos povos.

Hoje uma cuidadosa gestão intercultural é também um dos fatores chave de sucesso na expansão multinacional.

Culturas do mundo

Os maiores bancos portugueses têm uma presença significativa no estrangeiro. Nalguns casos têm já mais empregados no exterior do que em Portugal. A gestão de pessoas nas áreas de Marketing oriundas de países de continentes e de culturas muito diferentes deve ser pensada cuidadosamente.

Uma das primeiras aproximações à questão multicultural foi desenvolvida por Edward T. Hall que identificou dois grandes blocos culturais:

- As culturas de forte contexto (*high context*) – usam uma comunicação assente na combinação da linguagem verbal com a não-verbal (linguagem corporal, tom de voz). As palavras não podem ser interpretadas literalmente sem o concurso do contexto. Exige um conhecimento prévio da cultura, do tema e a pré-existência de um historial de inter-relacionamento dos interlocutores. As ideias são expressas de forma implícita e indireta, cheia de floreados.
  Entre os países com culturas fortemente contextualizadas encontram-se a generalidade dos países africanos e árabes, mas também países como o Brasil, a China, a Índia, o Japão e a Coreia. Na Europa a França, a Itália e a Grécia são exemplos.
- As culturas de fraco contexto (*low context*) – usam comunicação assente na palavra (verbal ou escrita) usada de forma literal. É a palavra que transmite o principal da mensagem a transmitir. Não exige qualquer conhecimento anterior. As ideias são verbalizadas de forma explícita. Estas culturas valorizam a lógica e a comunicação simples, direta e virada para a ação.
  Entre os países com culturas de fraco contexto contam-se em geral os países da Europa do Norte (Alemanha, Finlândia, Suécia, Noruega, etc.), os Estados Unidos, o Canadá e a Austrália.

As culturas de forte contexto arriscam-se a gerar grandes equívocos comunicacionais quando um dos interlocutores presume que o outro está dentro do assunto, ou está sintonizado com um dada interpretação de uma ideia.

Portugal é uma cultura de forte contexto em que as meias-palavras, o subentendido, o escrito nas entrelinhas, os gestos, as expressões tem uma grande importância na comunicação interpessoal. A expressão "a língua portuguesa é muito traiçoeira" mostra-nos que as palavras estão fortemente dependentes do contexto para transmitirem uma mensagem precisa e que noutro contexto, as mesmas palavras poderiam transmitir algo totalmente diferente.

Ao comunicar com culturas de fraco contexto em que a precisão e concisão da linguagem escrita e falada são essenciais o português corre o risco de se não fazer entender ou, ainda pior, fazer com que o seu interlocutor perceba algo diverso do que pretendeu transmitir. No sentido inverso a mensagem passa por clara e racional. Isto pode ser, nalgumas situações, uma vantagem porque acabamos por perceber melhor do que os outros nos percebem, mas em geral é uma desvantagem que para ser anulada deve ser percebida.

Outra abordagem das diferenças culturais no mundo dos negócios é a proposta por Geert Hofstede com base num trabalho feito junto dos colaboradores de uma grande empresa mundial. Hofstede identificou cinco eixos, que podem ser medidos por um índice, de diferenciação cultural:

- **Eixo da distância ao poder** – representa o grau de aceitação pelos menos poderosos de grandes desigualdades de poder na sociedade e na empresa.
  Portugal classifica-se aqui como um dos países com maior distância de poder. Países como a China, Angola, Brasil apresentam uma maior distância de poder, mas outros como os Estados Unidos, a Espanha ou a Alemanha índices claramente mais baixos.
- **Eixo da masculinidade** – as culturas femininas privilegiam valores como a humildade, a modéstia, as relações e a atenção aos mais fracos, as culturas masculinas dão maior enfase ao sucesso, a perseverança, ao heroísmo.

Portugal situa-se neste eixo como uma cultura feminina. Países como os Estados Unidos, China, a Alemanha ou a Espanha mas também o Brasil ou Angola apresentam índices de masculinidade muito superiores a Portugal.

- **Eixo do individualismo** – mede a autonomia individual e a capacidade de cada pessoa de traçar o seu destino. Em certa medida é o reverso da distância do poder.
  Não surpreendentemente Portugal surge como uma cultura de muito fraco individualismo, a par com a China, Angola. No extremo oposto surgem países como os Estados Unidos, a Alemanha entre outros. A Espanha, o Brasil surgem com índices muito superiores a Portugal a meio da tabela.
- **Eixo da orientação temporal** – culturas orientadas para o curto prazo e outras para o longo prazo.
  Portugal orienta-se muito, tal como os Estados Unidos, a Alemanha e a Espanha, para o curto prazo, para os resultados imediatos. No polo oposto surgem países como a China com forte orientação para o longo prazo.
- **Eixo da aversão à incerteza** – diferencia as culturas que vivem bem em ambientes de incerteza das que tudo fazem para a evitar.
  Portugal exibe uma das mais fortes aversões à incerteza, países como a China e os Estados unidos toleram bem a incerteza, já o Brasil, Angola, a Espanha ou a Alemanha situam-se em patamar intermédio mas muito abaixo do nosso país.

A grande distância ao poder, a cultura de grande concentração de poder, o "quero, posso e mando" dos dirigentes, a ausência de direitos dos empregados, retiram qualquer tipo de iniciativa individual aos portugueses. Esta cultura reduz fortemente a inovação e o espirito crítico.

A aversão à incerteza mostra um país receoso, incapaz de arriscar e de tomar decisões. Uma cultura em que qualquer falha é fortemente punida mata a iniciativa e só permite aos indivíduos "jogar pelo seguro" não arriscando um milímetro.

As comunicações de Marketing, quer as internas quer as externas dirigidas a Clientes e potenciais Clientes, devem tomar em atenção estas diferenças culturais sob pena de perderem a sua eficácia.

Portugal no que toca à aversão à incerteza e ao grau de individualismo aproxima-se de um perfil latino-americano, ficando muito distante do perfil típico europeu.

Mitos sobre a cultura europeia comum ficam muito abalados com estudos de largo impacto como o que celebrizou Geert Hofstede que é estudado nas mais importantes cursos de gestão, de psicologia e de sociologia.

Uma comunicação eficaz e uma atuação eficaz no exterior implicam ter uma noção exata de como é que a cultura portuguesa e consequentemente as suas empresas e dirigentes são percecionados, nesses mercados, em termos culturais.

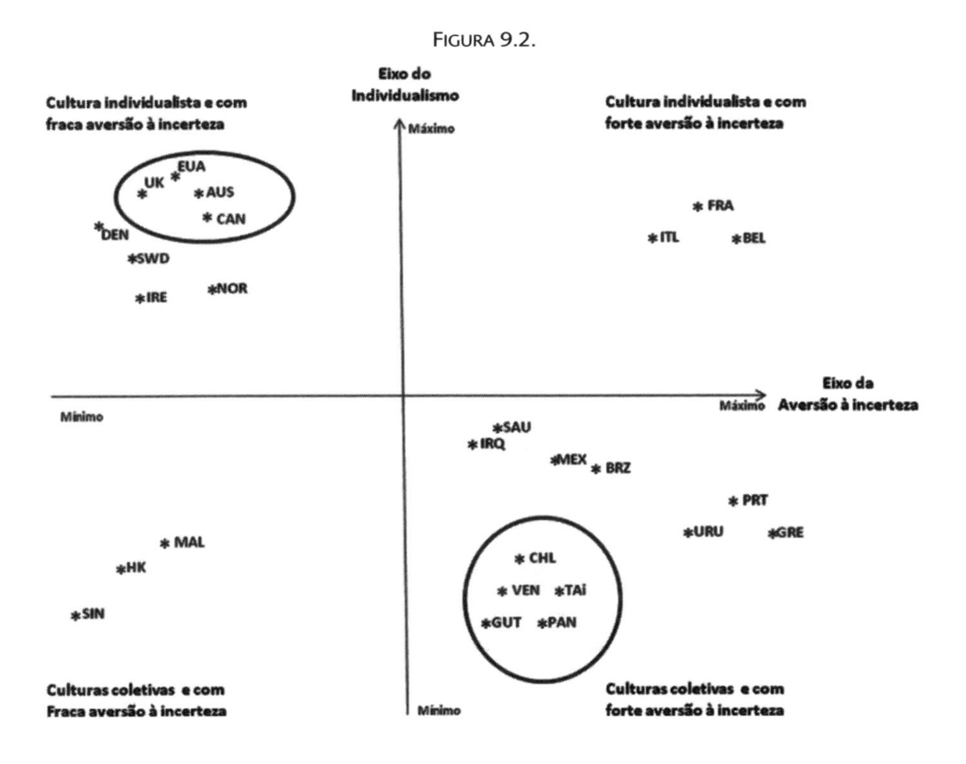

FIGURA 9.2.

Uma visão das culturas do mundo é-nos fornecida pelo holandês **Fons Trompenaars,** que vem na linha do seu compatriota Hofstede. Nascido de pai holandês e mãe francesa, este autor foi eleito um dos 50 pensadores mais influentes Gurus da Gestão pelo prestigiado Thinkers-50. Distingue sete dimensões da cultura:

- **Universalismo versus particularismo** (o que é mais importantes as regras ou as relações?) – refere-se à forma como as pessoas julgam as ações dos outros. Os universalistas aplicam um conjunto de regras ou de Leis sem olhar às circunstâncias. Um roubo é sempre condenável mesmo que para alimentar os filhos com fome. Os particularistas ao julgar uma situação levam em conta as circunstâncias e o passado do outro. Uma ação de corrupção pode ser considerada correta se for feita com boa intensão e visando resolver problema relevante.
- **Individualismo versus coletivismo** – maior ou menor enfase no trabalho individual ou de grupo.
- **Neutral versus emocional** – separa as culturas em que as pessoas são mais guiadas pela razão das que agem mais com base na emoção.
- **Específico versus difuso** – refere-se ao grau de separação entre vida de trabalho e vida privada, sendo esta distinção muito clara nas culturas neutras enquanto que nas culturas difusas o público e o privado se misturam.
- **Conquistado ou herdado** – distingue sociedades em que o estatuto social e profissional deve ser obtido através do trabalho e de provas dadas das sociedades em que esse estatuto é herdado da família ou do grupo social ou étnico em que a pessoa nasceu.
- **Sequencial versus sincrónico** – a gestão do tempo é feita de forma diferente em diferentes culturas. Ele pode ser visto como uma sequência de passos, um de cada vez, ou um conjunto de atividades alternativas e eventualmente simultâneas que tendem para um fim. Uma cultura tende para a organização, a pontualidade, o planeamento outra para o desrespeito dos horários, o desenrasca, a desorganização e a espontaneidade. As culturas podem também relativamente ao tempo ser: i) orientadas para o passado, ii) orientadas para o presente, iii) orientadas para o futuro.
- **Controlo externo versus controlo interno** – responde à questão de como as pessoas se relacionam com o seu ambiente. Algumas culturas acreditam que podem controlar a natureza e o ambiente natural e social são as que colocam o foco do controlo no ser

humano, no controlo interno. Outras vêm que é a natureza e o ambiente que as controla, são as que colocam o foco do controlo na natureza ou nos outros, isto é no seu exterior.

Um dos maiores erros de gestão é a utilização de métodos apropriados a culturas individualistas em países de cultura coletivista. Assim se num país individualista o louvor ao desempenho individual é uma forma de motivação num país coletivista, como Portugal ou o Japão, é contraproducente e melhor é avaliar e louvar o trabalho de grupo.

ÉTICA NO NEGÓCIO INTERNACIONAL

No negócio internacional os gestores da área de Marketing de empresas de serviços financeiros vêm-se confrontados com várias questões que podem colocar problemas éticos de difícil resolução. Devem estar preparados para elas, antecipando-as e refletindo sobre a melhor forma de as ultrapassar.

Várias organizações empresárias, como a World Forum for Ehtics in Business, a par com outras instituições intergovernamentais ou não governamentais (ONGs) têm vindo a fazer um grande esforço para implementar comportamentos éticos ao nível internacional.

Em Portugal existem também entidades, como a Associação Portuguesa de Ética Empresarial (APEE), que promovem boas práticas a este nível e ajudam as empresas e os seus responsáveis a implementá-las.

EMPRESAS MAIS ÉTICAS DO MUNDO

O Ethispere Institute analisa as práticas das empresas multinacionais e publica anualmente uma lista muito restrita com as empresas que considera as mais éticas do mundo (World's Most Ethical Companies).

Em 2013 apenas 145 empresas conseguiram cumprir todos os critérios e entrar para a lista das mais éticas. **Neste pequeno grupo encontram-se duas empresas portuguesas a Sonae e a EDP,** ambas empresas com forte presença internacional.

Entre as 145 surgem várias empresas de serviços financeiros como a Visa, a American Express, a Swiss Re, Blue Shield da California e NYSE Euronext.

Sem pretensões de ser detentores da Verdade procedemos aqui a uma pequena reflexão sobre quatro temas muito recorrentes: i) Práticas de Emprego, ii) Direitos Humanos, iii) Corrupção e iv) Regulamentação.

MANIFESTO DAS NAÇÕES UNIDAS

A grande regra que deixamos à reflexão de todos está contida no Manifesto "Ética para a Economia – Consequências para os Negócios Globais" das Nações Unidas e que inspira também a atuação da APEE. Aqui fica:

> Promover o bem e evitar o mal é um dever de todos os seres humanos. Por conseguinte, este dever tem de funcionar como critério moral em todas as decisões e procedimentos económicos. É legítimo que alguém procure concretizar os seus próprios interesses, mas a procura deliberada da vantagem pessoal em detrimento dos parceiros – ou seja, de forma pouco ética – é incompatível com a atividade económica sustentável que vise a vantagem mútua.

Outra regra importante contida no mesmo Manifesto surge no seu Artigo 8.º:

> A procura do lucro é o pressuposto da competitividade. É o que subjaz à sobrevivência das empresas e dos seus compromissos sociais e culturais. A corrupção inibe o bem-estar público, lesando a economia e as pessoas, já que conduz sistematicamente a atribuições falsas e a desperdício de recursos. A proibição e a abolição de práticas corruptas e desonestas, como suborno, acordos de conluio, roubo de patentes e espionagem industrial, exigem um compromisso preventivo, que é um dever inerente a todos os ativos na economia.

Este Manifesto teve como primeiros signatários personalidades como Michael Camdessus (dirigente máximo do FMI de 1987 a 2000, Governador do Banco de França), Desmond Tutu (Bispo Anglicano e Prémio Nobel da Paz), Hans Küng (teólogo católico Suíço autor de numerosa obra sobre ética), Mary Robinson (Presidente da Irlanda de 1990 a 1997) entre outros.

Práticas de Emprego

Em 1997 a Comissão Europeia efetuou um inquérito de larga escala. Uma das questões perguntas aos inquiridos se concordavam que "os membros dos grupos minoritários são descriminados no mercado de trabalho". As respostas são elucidativas:

País	% de Concordância
Grécia	90 %
Suécia	89 %
Espanha	87 %
Portugal	86 %
Dinamarca	85 %
Itália	79 %
Holanda	74 %
Finlândia	73 %
França	72 %
Reino Unido	66 %
Bélgica	56 %
Alemanha	54 %
Irlanda	51 %
Luxemburgo	40 %
Áustria	39 %

Portugal surge como um dos países que na perceção dos seus próprios cidadãos, provavelmente adquirida da sua vida quotidiana, mais descrimina as minorias que vivem entre nós (os ciganos-portugueses, os afro-portugueses, etc.). A utilização destas práticas numa internacionalização por exemplo para os Estados Unidos seria muito negativa.

Recentemente um Banco português nomeou uma personalidade controversa para o conselho de administrador do seu banco nos Estados Unidos. Como poderia ser antecipado, tendo maior atenção aos aspetos culturais, o nome foi liminarmente rejeitado com base no historial desse gestor.

Questões como o racismo, a descriminação das mulheres e dos homossexuais, o desrespeito pela diversidade, que em Portugal são considerados sem relevância, assumem noutros mercados uma grande importância e devem ser levados muito a sério aquando da expansão internacional para países com culturas diferentes, sob pena de sansões administrativos mas ainda pior de rejeição por parte dos clientes de ofertas que de outro modo lhes poderiam interessar.

E se não devemos exportar as más práticas nacionais em termos de recrutamento e de descriminação no local de trabalho, também não devemos adotar as práticas locais que colidem com valores internacionalmente aceites, nomeadamente não contratar menores, não pagar salários que não permitam uma vida digna, não prolongar horários de trabalho para além das 40 horas semanais. Os profissionais do Marketing merecem respeito, o seu contributo é essencial para a prestação de um bom serviço ao Cliente e para o êxito comercial da empresa, e devem ser tratados de acordo com padrões éticos elevados.

Direitos Humanos

Muitos países não respeitam os direitos do Homem. Outros só o fazem parcialmente.

A publicidade pode por um lado sustentar com o dinheiro pago publicações que promovam o racismo, a descriminação ou que incitem à violência contra populações inocentes, ou, pior ainda, ser ela própria veículo de mensagens contrárias aos Direitos do Homem.

Várias agências intergovernamentais e organizações não-governamentais dedicam uma particular atenção a este problema, denunciando situações em que existe conivência de empresas de serviços financeiros estrangeiras e a violação dos direitos humanos.

Corrupção

Em Portugal as condenações por práticas de corrupção são muito raras o que pode ser considerado um indício da forma como é combatida esta prática destrutiva. Os subornos destorcem a concorrência introduzindo um elemento irracional e imoral na atividade económica.

Com a crescente internacionalização dos mercados, em 1997, a OCDE (Organização para a Cooperação e o Desenvolvimento Economico) negociou a assinatura da Convenção Internacional de Combate ao Suborno. Mais de 10 anos passados, em 2009, Portugal não tinha implementado muitas das recomendações desse tratado. Entre as recomendações não cumpridas, e referidas no relatório sobre o nosso país publicado no sítio da internet oficial da OCDE, encontravam-se: i) a proteção legal dos denunciantes, ii) maior ativismo na acusação e condenação de criminosos envolvidos em subornos internacionais, iii) o treino das autoridades competentes para poderem aplicar plenamente a medida de confisco de rendimentos de bens provenientes da prática de subornos internacionais.

No processo de internacionalização as empresas portuguesas ficam, muitas vezes, sob um maior escrutínio do que as suas concorrentes de outros países que têm melhor reputação.

Neste capítulo tudo o que as empresas e seus representantes devem fazer é evitar e recusar a participação em qualquer ação de corrupção na aceção que a convenção lhe dá:

> "...é um crime prometer ou dar qualquer vantagens, pecuniária ou outra, indevida, quer diretamente quer através de um intermediário, a um funcionário estrangeiro para que esse funcionário ou para que terceira pessoa, aja ou deixe de agir em relação ao desempenho dos seus deveres por forma a obter ou manter uma vantagem imprópria no âmbito do negócio internacional"[40].

A reter não oferecer vantagens indevidas, quer em dinheiro quer sobre outra forma, quer diretamente quer indiretamente. Não só para que faça algo ilícito mas também para que nada faça, fechando os olhos ao que tem obrigação de ver. Não só para que a empresa obtenha novos benefícios mas também para que mantenha os que já tem.

Regulamentação

Naturalmente que uma dos primeiros mandamentos da ética comercial é o do rigoroso cumprimento das Leis e dos regulamentos do país em que se está a fazer negócio. Esse contudo é um limite mínimo que nunca deverá ser posto em causa.

---

[40] Artigo 1 da Convention on Combating Bribery of Foreign Public Officials in International Business Transactions

No entanto se sabemos que no nosso país certo anúncio é considerado publicidade enganosa devemos utilizá-lo noutro país onde a publicidade enganosa não está regulamentada? E se uma campanha, que julgamos isenta de mácula, for apresentada simultaneamente em vários países e for previamente aprovada nalguns deles e recusada noutros? Devemos suspender globalmente ou apenas nos países em que foi proibida?

E se uma forma de preçário de serviços é classificado como opaca no nosso país devemos usá-la em mercados onde é legal? E se esse tipo de preçário é a forma padrão nesse mercado e todos os concorrentes o usam?

Ao nível dos produtos questões de ordem ética se podem levantar no que se refere a regulamentos. Alguns bancos europeus, incluindo ingleses, franceses, holandeses e espanhóis foram alvo de grande controvérsia noticiosa com prejuízos sérios ao nível da sua reputação por terem financiado um conjunto de projetos em indústrias altamente poluentes, em energia nuclear, em fabricantes de armamento ou empresas que violam os direitos humanos. Nenhum dos investimentos era ilegal no país onde foi feito e nalguns casos os financiamentos foram feitos a empresas públicas ou semipúblicas.

A Profundo Economic Research e outras entidades escrutinam os maiores bancos e denunciam os financiamentos e as transações que consideram questionáveis. Os Relatórios destas entidades são seguidos por muitos investidores incluindo muitos gestores de fundos éticos (que só investem em títulos de empresas irrepreensíveis) e podem ter um impacto forte não só na reputação dos bancos como também na sua cotação. Por exemplo, a Profundo lista entre os seus Clientes entidades como o Rabobank, o Pensioenfonds PNO Media e a F&C Netherlands.

Muito recentemente um dos maiores bancos franceses teve de suspender um fundo de investimentos em produtos agrícolas de mais de 200 milhões de euros depois da Organização Não Governamental Oxfan o ter acusado de especular com os preços da comida.

BIBLIOGRAFIA

Baronchelli, Gianpaolo e Fabio Cassia (2008), "Internationalization of the firm: stage approach vs. global approach" Comunicação ao 8th Global Conference on Business and Economics, Itália, Florença, 18 e 19 de Outubro.

Blecker, Robert A. (2001), "Financial Globalization, Exchange Rates, and International Trade" apresentação à conferência "Financialization of the Global Economy" promovida pelo Political Economy Research Institute (PERI), University of Massachusetts.

Dunning, John H. (2001), "The Eclectic (OLI) Paradigm of International Production: Past, Present and Future" in International Journal of Economics of Business, Volume 8, Número 2, pp 173-190.

Fischer, Stanley (2002), Globalization and its Challenges, http://www.iie.com/fischer/pdf/fischer011903.pdf, acedido a 10 de Março 2013.

Hampden-Turner, Charles e Fons Trompenaars, (1998), *Riding The Waves of Culture: Understanding Diversity in Global Business – 2nd edition*, New York, McGraw-Hill.

Issing, Otmar (2000), discurso a 12 de Setembro em Ottobeuren, publicado no site do Banco Central Europeu, http://www.ecb.int/press/key/date/2000/html/sp000912_2.en.html, acedido a 2 de Maio de 2013

Johanson, Jan e Finn Wiedersheim-Paul, (1975), "The Internationalization of the Firm –Four Swedish Cases" in The Journal of Management Studies, Volume.

Keegan, W. J. e M. C. Green (1999), *Princípios do Marketing Global*, São Paulo, Saraiva.

Levitt, Theodore (1983), "The globalization of Markets" in Harvard Business Review, Volume 61, Número 3, pp. 92-102.

Trompenaars, Fons e Peter Woolliams (2003), *Business Across Cultures*, England, Capstone Publishing Ltd.

Usunier, Jean-Claude (1992), Commerce entre cultures: une approche culturelle du marketing international, Paris, Presse Universitaire de France.

Wade, Robert (1996), "Globalization and its limits: Reports of the death of the national economy are greatly exaggerated" in Suzanne Berger and Ronald Dore (eds.), National Diversity and Global Capitalism, Cornell, pp. 60-88.

ÍNDICE

Prefácio		7
I.	Introdução	9
II.	O Marketing Bancário	13
III.	A Banca e a sua envolvente	37
IV.	Definir a estratégia	71
V.	Construir uma oferta	97
VI.	Gerir uma oferta	155
VII.	Plano de Marketing	181
VIII.	Organização de Marketing	199
IX.	Internacionalização	213